石河子大学哲学社会科学优秀学术著作出版基金资助
新疆生产建设兵团社会科学基金资助项目："新时代背景下兵团文化产业改革路径研究"（项目编号：18YB17）

U0570025

经济管理学术文库·管理类

新时代文化产业
供给侧结构性改革路径研究：
基于兵团视角

Research on Supply-side Structural Reform Path of
Cultural Industry in the New Era:
Based on the Perspective of XPCC

陈法杰　王站杰　刘晓芬／著

经济管理出版社
ECONOMY & MANAGEMENT PUBLISHING HOUSE

图书在版编目（CIP）数据

新时代文化产业供给侧结构性改革路径研究：基于兵团视角/陈法杰，王站杰，刘晓芬著．
—北京：经济管理出版社，2023.9
ISBN 978-7-5096-9282-0

Ⅰ.①新… Ⅱ.①陈… ②王… ③刘… Ⅲ.①文化产业—改革—研究—中国 Ⅳ.①G124

中国国家版本馆 CIP 数据核字（2023）第 181190 号

组稿编辑：曹　靖
责任编辑：杜　菲
责任印制：黄章平
责任校对：蔡晓臻

出版发行：经济管理出版社
　　　　　（北京市海淀区北蜂窝 8 号中雅大厦 A 座 11 层　100038）
网　　址：www.E-mp.com.cn
电　　话：（010）51915602
印　　刷：唐山昊达印刷有限公司
经　　销：新华书店
开　　本：720mm×1000mm/16
印　　张：10.75
字　　数：175 千字
版　　次：2023 年 11 月第 1 版　　2023 年 11 月第 1 次印刷
书　　号：ISBN 978-7-5096-9282-0
定　　价：88.00 元

前　言

　　党的十九大报告提出，当前社会主要矛盾已经转化为人民日益增长的美好生活需要和不平衡不充分发展之间的矛盾，人民群众的需求已经进入了精神消费与品质消费的新时代。新时代背景下，文化产业供给侧结构性改革是破解社会主要矛盾的关键着力点，是提升文化产业供给体系质量和效率的重要举措，是国家经济转型的"引擎"、文化发展的"风向标"。文化产业是新疆生产建设兵团（以下简称兵团）的黄金产业，是打造兵团传播中华文化和现代文明高地，是推动兵团成为先进生产力和先进文化示范区的重要战略依托。近年来，兵团文化产业稳步推进，取得了不错的建设成效，但文化精品匮乏、原创力不足、供需结构错配、产业结构失调、市场主体地位弱、文化传播能力不强、体制不健全等严重制约着兵团文化产业的高质量和现代化发展，极大地削弱了文化产业对兵团社会经济发展的重要贡献。新时代背景下，如何扩大兵团文化产品有效供给、调整文化产业结构、壮大市场主体发展、增强产品供给质量、促进产业融合发展，如何优化要素配置效率与充实产业支撑体系、深化文化产业制度改革与完善产业政策体系、增强文化产业全要素生产率，是兵团文化产业供给侧结构性改革的主要内容，也是实现兵团文化产业实现高质量发展亟待解决的关键问题。

　　本书以新时代为研究背景，以供给侧结构性改革路径为核心研究问题，旨在为推进兵团文化产业供给侧结构性改革与促进文化产业高质量发展探究重要的突破口与着力点。首先，梳理了文化产业供给侧结构性改革的内涵，阐述了西方

"供给学派"理论和中国新供给经济学理论的核心内容，为新时代背景下兵团文化产业供给侧结构性改革提供了理论框架，并系统分析了兵团文化产业供给侧结构性改革状况。其次，构建了兵团文化产业发展水平指标体系，采用熵权 TOPSIS 法与对比分析方法对兵团文化产业供给侧结构性改革的成效进行了系统分析，并通过文本资料分析、实地调研等方法深刻剖析了兵团文化产业供给侧结构性改革存在的问题与制约因素。再次，通过 SWOT 分析方法对兵团文化产业发展与供给侧结构性改革等方面的外部环境与内部资源条件进行了系统分析，得出了兵团文化产业供给侧结构性改革的机会、威胁、优势与劣势。又次，在借鉴国内外文化产业供给侧结构性改革与文化产业发展模式的先进经验基础上，确定了新时代背景下兵团文化产业供给侧结构性改革的目标，并设计了四个主要路径。路径一：创新资源要素供给水平，构筑产业发展支撑体系；路径二：强化市场主体地位，推进文化产品提质增效；路径三：加快产业结构调整，增强产业关联能力；路径四：健全产业发展体制机制，完善产业政策体系。这为新时代背景下的兵团文化产业供给侧结构性改革提供了明确的方向和有力的指引。最后，结合新时代的大背景，从要素升级与产业发展支撑、市场主体培育与供给质量提升、产业结构调整与产业关联加强、体制机制改革与产业政策完善等层面，提出了促进兵团文化产业供给侧结构性改革路径实施的对策建议与保障措施，对深化兵团文化产业供给侧结构性改革与促进兵团文化产业高质量发展具有较强的指导意义，可为兵团制定《兵团文化产业发展规划》《兵团文化和旅游产业融合发展规划》等规划文件提供较好的现实参考和理论支撑。

目　录

第一章　绪论

一、研究背景

　　党的十九大报告提出，当前社会主要矛盾已经转化为人民日益增长的美好生活需要和不平衡不充分发展之间的矛盾，人民群众的需求已经进入了精神消费与品质消费的新时代。在这样的时代背景下，文化产业供给侧结构性改革是破解社会主要矛盾的关键着力点，是提升文化产业供给体系质量和效率的重要举措，是国家经济转型的"引擎"、文化发展的"风向标"，对推动文化产业成为国民经济支柱性产业具有重要的现实意义。国内学者遵循供给侧结构性改革的执行逻辑，立足我国文化产业政策与结构布局现状，探索分析了文化产业供给侧结构性改革的理论内涵、思维逻辑、内生动力、实践框架与支撑体系。

　　文化产业是新疆生产建设兵团（以下简称兵团）的黄金产业，是打造兵团传播中华文化和现代文明高地，推动兵团成为先进生产力和先进文化示范区的重要战略依托。近年来，兵团文化产业稳步推进，取得了不错的建设成效，但文化内容产品匮乏、原创力不足、供需结构错配、产业结构失调、文化传播能力不强、体制不健全等导致兵团文化产业有效供给不足、产业竞争优势薄弱。因特殊管理体制、特色军垦文化成分，兵团文化产业供给侧结构性改革也具有显著特征；新时代背景下，如何促进兵团文化产业"提品质、补短板、调结构、降成本"，如何推动兵团文化产业要素升级、结构优化、制度创新，确立兵团文化产业的有效供给体系与多方位保障措施，是兵团文化产业供给侧结构性改革的重要内容，也是本书具有重要研究意义的基点。

二、研究意义

（一）理论意义

本书有助于丰富和完善新时代背景下文化产业供给侧结构性改革的理论体系。在梳理与归纳国内外供给侧结构性改革与文化产业供给侧结构性改革文献的基础上，形成了中国文化产业供给侧结构性改革的逻辑框架；然后结合新时代背景下兵团文化产业供给侧结构性改革功能、内外部环境和资源依托的特殊性，构建新时代背景下兵团文化产业供给侧结构性改革的理论框架和执行逻辑，对完善新时代背景下兵团文化产业供给侧结构性改革理论研究具有特殊意义；同时也能够为其他省份的文化产业供给侧结构性改革提供一定的理论支撑。

（二）实践意义

1. 有助于科学测评兵团文化产业供给侧结构性改革的具体效果

本书对兵团文化产业供给侧结构性改革状况进行深入调查，从产业规模、产业要素、产业结构、产业关联、产业需求潜力、产业创新支撑等方面构建兵团文化产业发展水平评价指标体系，并采用熵权 TOPSIS 方法进行测度，在此基础上，通过对比分析，为兵团文化产业供给侧结构性改革的效果评估提供了科学测评依据，方便找出兵团文化产业供给侧结构性改革存在的问题与制约因素。

2. 为新时代兵团文化产业供给侧结构性改革的规划与实施提供重要的决策参考

本书针对"问题与制约因素",探寻新时代兵团文化产业供给侧结构性改革的路径、促进路径实施的对策和建议,有助于科学定位兵团文化产业供给侧结构性改革的实施方向,加快兵团文化产业创新要素供给水平、强化市场主体、推动产品提质增效、调整产业结构、深化体制机制改革和完善产业政策体系,推进兵团文化产业发展质量和效益提升。

3. 为其他省份文化产业供给侧结构性改革提供新的路径借鉴

本书以我国最大的屯垦区域新疆生产建设兵团为研究对象,以文化产业供给侧结构性改革为主线,重点探讨新时代背景下兵团文化产业供给侧结构性改革问题和制约因素,系统设计促进兵团文化产业供给侧结构性改革的路径及策略建议,能为我国其他省份文化产业供给侧结构性改革提供新的借鉴思路。

三、国内外文献综述

(一)供给侧结构性改革研究

国外学者对供给侧结构性改革的研究起源于亚当·斯密,其在 1776 年所著的《国富论》中提出"劳动分工、专业化生产和产品交换可以提高产品的供给能力",这拉开了供给侧结构性改革的序幕。受亚当·斯密影响,萨伊定理、拉弗曲线、里根"供给革命"成为西方学者供给学派的经典理论,为解决整个经济供给不足与结构性调整做出了一定的贡献。2015 年的中央经济工作会议提出"供给侧结构性改革"的全局战略,以适应和引领经济发展新常态、促进需求端结构性调整、化解社会经济发展矛盾、挖掘经济增长潜力。供给侧结构性改革的内涵是通过培育壮大新动力,拓宽发展空间,在新的发展水平上实现供给与需求再匹配，提高经济体供给能力和效率（李稻葵，2015）。调整经济结构、转变经济发展方式、提高全要素生产率是供给侧结构性改革的核心（胡鞍钢，2016）。供给侧结构性改革的路径选择需要在劳动力、资本、创新和政府四条主线上推进（李停，2016）。

自中国特色社会主义市场经济建立以来，始终存在结构、技术、效率三大供给侧问题尚未破解，只能依靠供给侧结构性改革的去产能、去库存、去杠杆、降成本、补短板等予以解决（洪银兴，2016）。供给侧结构性改革着力于供给侧管理和需求侧管理，大力解放和发展生产力、增强生产效率，发挥创新驱动优势，不断提升竞争优势与经济发展活力（王凯等，2016）；着力于矫正要素资源配置扭曲、供需结构错配失衡、有效供给不足、市场适应能力强化等问题，推进市场供需平衡（王一鸣等，2016）；着力于转变经济发展方式，调整产业结构，提升供给质量与供给效率，优化资源配置、提升全要素生产率（吴敬琏，2016）。供给侧结构性改革"最终目的是满足需求，主攻方向是提高供给体系质量和效率，根本途径是深化改革"。供给侧结构性改革应通过劳动力质量与劳动生产率提升、管理水平提升与生产技术进步、企业结构与产业结构优化等，切实增强微观主体的内生动力，不断扩大有效供给，不断推进产业升级，以满足人民日益增长、不断升级的需求（王昌林等，2017）。

供给侧结构性改革是经济新常态下转变经济发展方式方法的重大举措，是"四个全面"战略的具体实践，坚持的是"五大发展理念"（任勇，2016）。准确把握新发展阶段，深入贯彻新发展理念，加快构建新发展格局，推动"十四五"时期高质量发展，必须持续推进供给侧结构性改革；供给侧结构性改革是党和国家为了满足人民美好生活需要，针对市场经济供给体系中可能存在的不平衡、不充分问题，以政策自觉引导微观生产组织自发决策，实现持续优化供给结构的体制机制改革措施（张衔等，2021）。深化供给侧结构性改革应激发微观层面的企业活力和消费潜力，定位中观层面的产业结构性改革方向，营造宏观层面稳定有序的经济环境，更好地满足人民美好生活的需要（冯娟，2021）。构建新发展格局需要在坚持供给侧结构性改革这条主线的前提下注重需求侧管理，实现需求侧管理与供给侧结构性改革的动态协同，这是对我国宏观经济调控理论创新和实践经验的最新提炼和统一（黄群慧，2021）。

（二）文化产业供给侧结构性改革研究

文化产业存在大量市场需求和发展空间，是对产业结构调整和经济发展质量都有益的朝阳产业，是较为理想的供给侧结构性改革的先导产业（戚学慧，2017）。文化产业是文化性和经济性相融合的产业部门，它在文化守正和经济转型中发挥着重要作用，是供给侧结构改革的重点领域（李毅，2016）。"产业转型、要素创新、制度改革"是文化产业供给侧结构性改革的基本思路（范周等，2016），"要素供给和制度供给的提升"是文化产业供给侧结构性改革的核心（焦斌龙，2017），"创新递进机制、技术推动机制、智力促进机制"是文化产业供给侧结构性改革的内生动力，文化产业与优势产业资源的融合、"文化+"是文化产业供给侧结构性改革的重要方向（张杉等，2016）。供给侧结构性改革下，"宏观政策布局、中观行业选择和微观全要素利用"，是文化产业生产要素高效使用和产业结构优化的重要改革路径（蒋楠楠等，2018）。文化产业的供给侧结构性改革需要以要素新供给来提升全要素生产率，实现从要素驱动向创新驱动转变（李康化，2017）。

文化产业供给侧结构性改革，需要坚持内容为王、供需相宜、集约高效、创新驱动等原则，着力做好"调结构、文化+、强主体、保要素、优制度"的文章，即补内容"短板"，促文化"创新"，重市场"引路"，持续推进结构调整；强化人才、金融资本投入和制度革新，推动要素供给变革（郑海江，2017）。在经济发展进入新常态、原有经济增长动力疲软、新动力机制不完善的情况下，如何激发经济增长活力，提高全要素生产效率，成为供给侧结构性改革关注的重点问题；需要构建文化领域经济增长内生动力机制，通过资源创新、产品创新、产业创新、市场创新、产业创新，层次递进地促进文化产业创新机制的形成，并在全社会范围内形成完善的文化产业人才促进机制（宋朝丽，2016）。供给侧结构性改革的关键是推动供的结构性调整，"供需错配"成为文化产业发展中最突出的问题之一；需要从文化产品和服务生产、供给端入手，调整文化产业供给结构，实现文化产业合理化和高度化发展，为真正扩大内需、打造文化经济发展新动力提供有效路径（范周，2016）。

"供给侧"是改革切入点，"结构性"是改革方式，"改革"是核心命题；文化产业供给侧结构性改革以解决文化产业结构性矛盾为出发点，以产业转型、要素创新、制度改革为基本思路，并通过创造有效内容供给和渠道供给，推进供给侧和需求侧协同演化，构建文化产业结构优化的政策支柱，构建三位一体的行动逻辑，塑造创新驱动的增长动力（齐骥，2016）。文化产业供给侧结构性改革根本在于提升全要素生产力，实现文化供给从注重"增量"到注重"提质"根本转变；实现这一目标，重点要从制度供给、资本供给和创新供给等方面着手，明确文化产业发展的战略方向和现实路径，为文化生产力发展蓄积动力、释放活力（李毅，2016）。从事文化生产的企业作为文化产业市场的主体，其主体作用能否得到有效发挥是文化产业供给侧结构性改革胜负的关键；文化企业在经营过程中利用经营技术与经营手段文化，依托自身的文化资源禀赋，从而制定出差异化并且能够体现文化企业比较优势的经营战略（李群群，2019）。

（三）述评

文化产业供给侧结构性改革是供给侧结构性改革的重要内容，是提升文化产业供给体系质量和效率的重要举措，是扩大文化产品有效需求、提升文化企业综合能力、促进文化产业结构调整优化的重要选择。国内学者遵循供给侧结构性改革的执行逻辑，探索分析了文化产业供给侧结构性改革的理论内涵、思维逻辑、行动方向、实践框架与支撑体系。纵览国内外学者的研究成果，发现文化产业供给侧结构性改革的相关成果较丰富，为本书顺利开展研究奠定了强有力的理论基础。但现有研究也存在局限：一是更多关注发达地区的文化产业供给侧结构性改革，对欠发达地区的研究相对匮乏；二是对兵团文化产业供给侧结构性改革关注不够，缺乏系统性研究。近年来，兵团文化产业发展较快，产业规模和实力都取得了一定的成效，但文化内容产品匮乏、原创力不足、供需结构错配、产业结构失调、文化传播能力不强、体制不健全等问题依然存在。基于此，本书在已有研究的基础上，以新时代为背景，以新疆生产建设兵团为研究对象，以兵团文化产业为主线，科学测度兵团文化产业供给侧结构性改革的具体成效，重点找出供给侧结构性改革过程中存在的问题与制约因素，系统探讨促进兵团文化产业供给侧结构性改革的路径与策略建议，以促进兵团将文化资源优势转变为产业优势、竞争优势，这与兵团的三大功能和四大作用完全吻合，对提升兵团文化产业竞争力、重塑兵团经济发展动力与推动兵团文化产业高质量发展具有重大的理论和实践价值，是亟待解决的现实重大问题。

四、研究内容、研究思路与研究方法

（一）主要研究内容

本书主要包括九章内容：

第一章：绪论。具体包括研究背景、研究的理论与实践意义、国内外研究述评、研究内容与方法、创新之处等。

第二章：文化产业供给侧结构性改革的概念界定与理论基础。通过梳理文化产业供给侧结构性改革的概念界定和理论基础，为新时代背景下兵团文化产业供给侧结构性改革提供了理论框架。

第三章：兵团文化产业供给侧结构性改革状况分析。主要包括兵团文化产业发展现状、兵团文化产业供给侧结构性改革的现实条件、兵团文化产业供给侧结构性改革的状况分析等。

第四章：基于发展水平评价的兵团文化产业供给侧结构性改革成效分析。首先，构建兵团文化产业发展水平指标体系，采用熵权 TOPSIS 法对兵团 2010～2019 年的文化产业发展水平进行测度；其次，通过综合评价和对比分析，反映兵团文化产业供给侧结构性改革的具体成效，为识别兵团文化产业供给侧结构性改革存在的问题和制约因素打下基础。

第五章：兵团文化产业供给侧结构性改革存在的问题与制约因素。通过查阅文献资料和实地调研，结合第四章的实证分析，采用定性与定量分析相结合的方式，从产业要素、市场主体与供给质量、产业结构与产业关联、体制机制与产业政策等层面梳理并归纳兵团文化产业供给侧结构性改革存在的问题与制约因素。

第六章：对兵团文化产业供给侧结构性改革做了 SWOT 分析。使用 SWOT 分析方法对兵团文化产业发展与供给侧结构性改革等方面的外部环境与内部资源条件进行了系统分析，得出了兵团文化产业供给侧结构性改革的机会、威胁、优势与劣势。

第七章：国内外文化产业发展供给侧结构性改革路径及对兵团的借鉴。主要阐述国外（美国和日本）文化产业发展的先进经验和国内（广东和浙江）文化产业供给侧结构性改革路径的先进经验，为后续部分的路径设计和对策建议提供相应的参考借鉴与重要启示。

第八章：国内外文化产业发展的先进模式及对兵团的启示。主要选取国外文化产业发展最具特色的 4 种模式（美国模式、日韩模式、英国模式、加拿大模式）和国内文化产业发展模式较先进的 4 个省份（北京、上海、广东、云南），通过系统梳理这些国家或省份文化产业发展模式的先进经验和重要启示，期望为深化兵团文化产业供给侧结构性改革提供较好的改革思路和发展模式参考。

第九章：新时代背景下兵团文化产业供给侧结构性改革的目标及路径设计。主要结合兵团文化产业发展实际状况，以及兵团文化产业供给侧结构性改革存在的问题与制约因素，在借鉴国内外文化产业供给侧结构性改革路径与文化产业发展模式的先进经验的基础上，提出新时代背景下兵团文化产业供给侧结构性改革的目标，并围绕目标进行相应的路径设计。

第十章：促进兵团文化产业供给侧结构性改革路径实施的对策。根据兵团文化产业供给侧结构性改革的路径设计，通过借鉴国内外兵团文化产业供给侧结构性改革的先进经验，从产业要素升级、市场主体培育与供给质量提升、产业结构优化与产业关联加强、体制机制改革与产业政策完善等层面有针对性地提出能够促进兵团文化产业供给侧结构性改革路径实施的对策与建议，以促进兵团文化产业供给侧结构性改革路径高效推进和执行。

第十一章：保障兵团文化产业供给侧结构性改革路径实施与对策执行的措施。本部分在兵团文化产业供给侧结构性改革的路径设计与实施对策的基础上，从需求侧、供给侧两个视角出发，从投资政策保障、消费政策保障、产业政策保障、科技政策支持保障、人才政策支持保障、改革创新政策保障、组织激励措施保障等方面提出相应的保障措施，为切实高效推动兵团文化产业供给侧结构性改革提供必要的保障要素和制度体系。

第十二章：结论与展望。主要对全书内容进行总结，得出重要结论作为最终成果的主要呈现；在此基础上，分析研究的不足之处，提出未来的研究计划或进一步的展望，促进本项目能够更深入地开展系列研究，促进相关研究更具科学性、操作性与实践性。

（二）研究思路

论述供给侧结构性改革的理论源流→提出文化产业供给侧结构性改革的理论逻辑→阐述兵团文化产业供给侧结构性改革的基本状况→构建兵团文化产业发展水平指标体系，得出基于发展水平评价的兵团文化产业供给侧结构性改革成效→找出兵团文化产业供给侧结构性改革存在的问题→探究兵团文化产业供给侧结构性改革的制约因素→兵团文化产业供给侧结构性改革的 SWOT 分析→借鉴国内外文化产业发展的经验→参考国内外文化产业发展的模式→设计兵团文化产业供给侧结构性改革的目标和路径→提出基于要素升级、市场主体培育和供给质量提升、结构优化、体制机制改革和产业政策完善的促进兵团文化产业供给侧结构性改革路径实施的具体对策→提出保障兵团文化产业供给侧结构性改革路径实施与对策执行的措施。具体如图 1-1 所示。

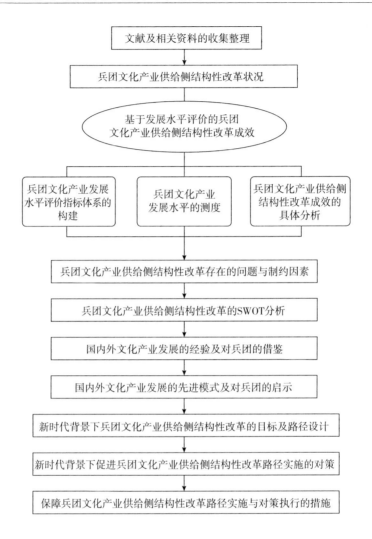

图1-1 研究的主要思路框架

（三）研究方法

1. 定量分析与定性分析相结合

运用描述统计等定量分析方法对兵团文化产业供给侧结构性改革的现状进行分析；对兵团文化产业供给侧结构性改革的现实条件、兵团文化产业供给侧结构性改革存在的问题与制约因素采用定性分析方法。

2. 规范分析与实证分析相结合

对兵团文化产业供给侧结构性改革的目标和路径设计、促进兵团文化产业供给侧结构性改革路径实施的对策和建议采用规范分析方法；对兵团文化产业供给侧结构性改革成效的评价采用实证分析方法，主要运用熵权 TOPSIS 法对兵团 2010~2019 年的文化产业发展水平进行测度，基于此通过对比分析，得出兵团文化产业供给侧结构性改革的具体成效。

3. 比较分析与归纳分析相结合

通过对国际（美国和日本）、国内（广东和浙江）与兵团文化产业供给侧结构性改革进行系统比较，结合兵团文化产业供给侧结构性改革的实际情况，归纳出促进兵团文化产业供给侧结构性改革的借鉴路径及对策建议。

（四）研究的重难点和解决方案

研究的重难点一：如何找出兵团文化产业供给侧结构性改革存在的问题与制约因素？

解决方案：运用熵权 TOPSIS 法的实证分析方法，对兵团文化产业发展水平进行测度，通过对比分析，得出兵团文化产业规模、产业要素、产业结构、产业关联、产业需求潜力、产业创新支撑层面的改革效果，进而分析兵团文化产业供给侧结构性改革存在的问题与制约因素，有利于把握兵团文化产业供给侧结构性改革的主要痛点与重要切入点。

研究的重难点二：如何推动兵团文化产业供给侧结构性改革高效有序运行？

解决方案：根据对兵团文化产业供给侧结构性改革效果的测评结果，分析兵团文化产业供给侧结构性改革存在的问题与制约因素，设计新时代背景下兵团文化产业供给侧结构性改革的目标体系与关键路径，从要素升级与产业发展支撑、市场主体培育与供给质量提升、产业结构调整与产业关联加强、体制机制改革与产业政策完善等层面提出促进兵团文化产业供给侧结构性改革路径实施的对策，以推动兵团文化产业供给侧结构性改革高效有序运行。

五、研究创新之处

（一）主要观点

兵团文化产业供给侧结构性改革是深化兵团文化产业结构调整、提升文化产品有效供给质量、优化兵团文化产业发展布局的重要选择。通过对兵团文化产业供给侧结构性改革的理论逻辑分析与实践路径探索，以兵团文化产业的要素升级、结构优化、制度改革为主要内容，分层次展开研究，找出兵团文化产业的"问题"与"瓶颈"，解决兵团文化产业供给侧的"产业结构失调"，弥补兵团文化产业供给端的"产品原创力不足"，缓解兵团文化产业发展的"供需结构错位"，切实优化兵团文化产业高效有序发展。

（二）创新之处

1. 方法的创新

通过构建评价指标体系，运用熵权 TOPSIS 法测评兵团文化产业发展水平，对兵团文化产业供给侧结构性改革的具体成效进行科学的分析与评价，并综合运用社会学、经济学、管理学等理论知识，采用二手数据收集、国内外典型案例比较研究、实地调研、深度访谈和实证研究等多种方法，确保研究结论可信，具有较好的学术价值和实践价值。

2. 实践的创新

通过对兵团文化产业供给侧结构性改革效果的分析，探讨兵团文化产业供给侧结构性改革存在的问题与制约因素，确定兵团文化产业供给侧结构性改革的目标，进而提出通过要素升级、市场主体培育和供给质量提升、结构优化、体制机制改革和产业政策完善，实现兵团文化产业供给侧结构性改革的路径，并提出促进路径实施的具体对策。

3. 视角的创新

本书选取"兵团"作为研究视角,丰富了中国文化产业供给侧结构性改革方面的研究成果,也能够较好地对兵团文化进行推介和宣传,从而不断提升兵团先进文化与军垦文化的影响力与知名度。

第二章　概念界定与理论基础

一、文化产业及供给侧结构性改革的内涵

（一）文化产业的内涵

文化产业是一个不断发展的概念，由于经济发展水平和管理体制机制的不同，文化产业的内涵在不同的国家或地区存在一定的差异，至今还没有形成完全统一的概念界定，更多是仁者见仁、智者见智。

关于文化产业的研究，国外学者起步较早，给出的内涵界定具有较好的代表性。美国部分学者指出，文化产业的核心组成部分是知识产权，主要面向消费者或公众提供精神层次的产品或服务，故将文化产业等同于"版权产业"或"娱乐产业"。日本政府认为，文化产业是一种依靠特有的媒介把信息化的内容打造成产品传递给社会公众的产业，如新闻业、出版业、动漫业、电影业等，故将文化产业等同于"内容产业"。英国部分学者指出，文化产业是一种凭借个人创造力、专业技能和特殊技艺，通过打造出的知识产权，带动就业和创造社会财富的社会化活动。联合国教科文组织对文化产业的内涵做了如下阐述：文化产业是指

围绕内容进行创作、生产、宣传、销售等活动的产业，其核心的组成部分是知识产权。

关于文化产业的研究，国内学者起步较晚，逐步给出了越来越完善的内涵界定。2000 年以前，我国一直将文化产业等同于文化事业，直到"十五"规划才第一次确立"文化产业"的官方地位，这拉开了中国文化产业蓬勃发展的序幕。张曾芳（2002）认为，文化产业可以分成广义概念和狭义概念，狭义概念是指创造文化产品或生产文化服务，旨在满足消费者或大众精神层次需要的各行各业的统称。2003 年，文化部将文化产业定义为一种从事文化产品生产或提供文化服务的经营性行业，可以细分成娱乐产业、出版产业、艺术表演产业等。沈山（2005）指出，文化产业是一种凝聚知识产权、进行文化产品和服务的生产、传播、传递的一系列关联活动。国家统计局的《文化及相关产业分类（2018）》对文化及相关产业做了如下规定：文化产业是指为社会公众提供文化产品和文化相关产品的生产活动的集合。

综合国内外学者或政府部门对文化产业概念的界定，可以发现，各个国家的学者或政府部门对文化产业内涵的理解存在一定的差异，没有形成一个统一的概念范畴，但都认为文化产业是属于精神层次的产业，具有较强的知识产权属性。由此可以这样说，文化产业是富有精神性、娱乐性的文化产品或服务的创作、传递和消费活动的集合。

本书在系统梳理国内外对文化产业内涵界定的基础上，结合国家统计局的《文化及相关产业分类（2018）》规定，将文化产业的内涵界定为：为社会公众提供文化产品或文化服务的一系列活动的集合，核心组成部分是新闻出版、内容制作、创意设计、文化传播、娱乐休闲等，相关组成部分是文化辅助生产、文化中介服务、文化装备制造等。

（二）供给侧结构性改革的内涵

自 2015 年以来，国际经济环境发生了翻天覆地的变化，中国经济发展出现了新的形势，遇到了新的问题，正式进入新常态经济阶段。在此大背景下，习近平总书记结合国内外经典的经济学理论，基于中国的具体发展情境，围绕供给侧结构性改革的内涵、推进供给侧结构性改革的原因、推进供给侧结构性改革的着力点和路径等基本问题，进行了重要的理论创新，做出了一系列明确的论断，初步形成了相对完善的供给侧结构性改革理论体系。供给侧结构性改革理论的核心思想是：满足人民的需求是供给侧结构性改革的最终目标，提升产品的供给质量和供给效率是供给侧结构性改革的主要抓手，深化体制机制改革是供给侧结构性改革的制度保障；而供给侧结构性改革，就是通过深化体制机制改革，完善制度体系设计，促进生产要素、生产关系和企业与产业关系的优化调整，以满足时代发展的现实需要，实现社会经济的健康高质量发展。

围绕习近平总书记的供给侧结构性改革理论体系，国内权威学者开展了大量的深入研究，比较有代表性的观点值得借鉴和参考。清华大学知名经济学者胡鞍钢认为，供给侧结构性改革的本质是产业结构的调整和优化，关键举措是做好"加法"与"减法"。南京大学商学院院长沈坤荣指出，供给侧结构性改革是中国经济治理思想的重大创新，产业转型升级、供给要素创新、体制机制改革是推进供给侧结构性改革的重要路径。著名经济学家李佐军认为，供给侧结构性改革主要包括两个方面的内容：一是要确立供给侧结构性改革的思路和流程，要搞清楚首先改革什么，其次改革什么，最后改革什么，才能稳步推进供给侧结构性改革有序开展；二是供给侧结构性改革一定要抓住关键问题，破解主要矛盾，做到改革要有针对性和精准性。

结合以上的重要阐述和分析，本书的供给侧结构性改革内涵主要可以拆分成3个专有名词进行解析：①供给侧，是需求侧的另一端，供给侧结构性改革的供给侧主要指从供给端出发，对供给端的资源要素（劳动力、资金、技术、土地等）进行优化配置，以促进产业资源要素供给水平的提升。②结构性，主要是指中国经济结构存在一定的问题或制约因素，需要通过均衡供需和优化配置资源要素，以有效解决区域结构、产业结构和产品结构不合理的结构性矛盾。③改革，主要指对体制机制和制度体系进行深化改革，以达到完善供给端、优化经济结构的目的。

（三）文化产业供给侧结构性改革的内涵

文化产业供给侧结构性改革是供给侧结构性改革理论在文化产业领域的应用和延伸，也是经济领域供给侧结构性改革的重要组成部分，与旅游产业供给侧结构性改革、农业供给侧结构性改革、制造业供给侧结构性改革等共同组成了经济领域供给侧结构性改革体系，是文化产业适应经济新常态的必然选择，是推动文化产业高质量发展的重要举措。

国内学者围绕文化产业供给侧结构性改革的内涵、核心内容与重要意义展开了研究。李群群（2019）指出，文化产业供给侧结构性改革，是经济新常态下帮助文化产业实现新旧动能转换的重要途径，是培育国家或省市区域文化自信的关键举措。刘昂（2017）认为，文化产业供给侧结构性改革要从供给端出发，以创新为主要驱动力量和核心要素，推动产业结构升级优化、产品供给质量体系稳步提升。张文霞等（2020）指出，文化产业供给侧结构性改革的核心是解决文化产品"供需错配"的问题，需要从供需两端进行发力，首先要不断提升供给端的供给能力，保证文化产品的供给质量和品质；其次要大力营造优质文化的消费氛围，从需求端对消费者的文化产品消费理念进行培育和引导，以刺激文化产品消费欲望和消费习惯的产生。

结合以上的重要阐述和文献分析，本书的文化产业供给侧结构性改革内涵是：在五大新发展理念的指引下，结合新时代背景，以解决文化产业存在的核心问题为导向，从供给端入手，通过实施创新驱动战略，优化配置文化产业资源要素，释放市场主体的活力，增强文化产业发展的内生动力，推动文化产品或文化服务的供给质量的提升，促进文化产品结构、产业结构、区域结构的优化，实现文化产品供给结构与需求结构的和谐与均衡，从而最终满足人民日益增长的精神文化需要，促进文化产业的高质量发展，强化文化产业对国家或区域社会经济发展的重要贡献。

二、供给侧结构性改革的理论基础

（一）西方"供给学派"的启示

国外学者对供给侧结构性改革的研究相对较早，最早可以追溯到亚当·斯密，其在经典著作《国富论》（1776）中，提出这一核心思想：社会化分工、专业化生产和产品流通能够提高产品的供给能力。受亚当·斯密的影响，19世纪初著名经济学家萨伊（J. B. Say）提出知名的萨伊定理，萨伊定理的核心观点：供给质量的提升能够有效创造需求，政府应该强化市场的主体地位，提升市场的供给能力，以刺激有效需求的产生。萨伊定理在20世纪初受到美国、英国、法国等资本主义国家的推崇，在其经济政策中大力实施。但20世纪30年代，西方资本主义国家遭遇经济大萧条，萨伊定理失去了作用，凯恩斯主义成为西方资本主义国家宏观经济政策的主要依据。到了70年代后期，西方资本主义国家普遍遭遇高失业率和高通货膨胀率并存的滞胀问题，凯恩斯主义失去了作用，新的供给学派又成为主流的宏观经济政策思想，比较有代表性的学者有拉弗（A. Laffer）和吉尔德（G. Gilder）等。新供给学派的思想在美国里根总统任期内对美国经济的发展带来了强有力的正向影响，其后虽有衰落，但在2008年爆发的全球金融海啸中，新供给学派又扮演了拯救国家于危难的角色。

整体来看，供给学派的核心思想有三点：首先，坚信萨伊定律，认为供给质量的提升能够有效创造需求是真正有效的；其次，国家需要适当调低税率，推进税费改革，减少市场主体的制度性成本，鼓励企业强化市场主体地位；最后，坚持自由市场主义，强化市场机制的决定性作用。依据供给学派理论，制定的政策主要有以下特征：一是大幅度降低税率，减少企业的负担；二是减少政府干预，放任市场自由；三是合理控制物价水平，保证货币供给量。总而言之，供给学派的核心思想是：通过有效供给与精品供给的提升，化解供需不均衡的矛盾，有效解决产能过剩、产业结构紊乱、产品质量参差不齐等供给侧主要问题。

简单来说，西方供给学派主要有以下几个观点：①坚信萨伊定律，认为供给能力提升能够直接带来有效需求，在交换关系双方中，供给占据第一和决定性的位置，这与凯恩斯主义的需求理论完全不一致；②在市场经济条件下，企业之间能够自由竞争，供给和需求在总量上大致是均衡的，市场具有极强的调节作用，要减少政府的干预，政府干预会破坏市场的调节功能，继而影响供给的整体质量；③鼓励政府缩减社会福利支出，倡导开发人力资本，认为增加社会福利会使扩大就业遇到阻力，不利于市场经济的发展，而人力资本的提高，能够进一步增加企业的供给能力；④信奉"拉弗曲线"，认为通过降低税费能够刺激投资规模的扩大，从而增加供给水平，刺激需求的大量产生。

（二）中国新供给经济学理论

2008 年全球爆发了金融危机，中国经济也受到较大的影响，出现了增速下滑、生产成本居高不下、产品供需失衡、市场机制不顺畅等严峻问题，已经进入了"新常态"的发展阶段，为解决这些问题，2016 年的中央财经工作第 12 次会议对供给侧结构性改革研究提出了相应的规划，提出"去产能、去库存、去杠杆、降成本、补短板"等改革措施。国家层面的关注和引导，吸引了学界的不断深入研究，冯志峰（2016）认为，我国推动供给侧结构性改革的目标： 是要跳出"中等收入陷阱"的包围圈；二是实施创新驱动战略；三是促进产业与经济高质量发展。2017 年 10 月 18 日，党的十九大报告进一步明确，要继续推进供给侧结构性改革，着重构建现代化的市场经济体系，大力发展实体经济，不断提升供给体系质量等。中共中央的供给侧结构性改革的一系列重要论述和学者的深入研究，共同形成了中国新供给经济学理论，这是一个非常重要的理论创新和实践。中国新供给经济学理论是马克思主义政治经济学的中国化，是根据中国的国情和具体实践问题所提出的理性的"供给侧管理"理论。中国新供给经济学理论与西方供给学派有较大的差异，它不仅关注供给，还关注需求，强调二者之间的供需动态均衡。

简单来说，中国新供给经济学理论的主要观点包括：①提出需求的重要性，认为需求是社会经济发展的原始动力，一切生产经营活动的最终目的都是满足顾客的需求。②供给与需求是相辅相成的关系，在经济活动中，政府和市场都要注重供给与需求之间的动态均衡，供需均衡是供给侧结构性改革的主要目的。③在充分发挥市场调节功能的同时，国家也要给予一定的干预，以有效应对市场失灵的现象，通过市场调节和国家干预做到需求的有效管理。④要将创新作为供给侧结构性改革的核心要素，通过大力实施创新驱动战略，进行供给端的创新，以创造更多的新供给，引导新需求，从而达到化解结构化矛盾的目的。⑤要完善供给侧结构性改革的制度创新，供给侧结构性改革面临的问题具有复杂性、多样化等特征，要想保证供给侧结构性改革的效果，就必须加大体制机制的改革和创新，要有较完善的制度供给体系，以推动供给质量的提升。⑥要注重供给端资源要素水平的提升，资源要素主要包括劳动力、资金、科技、土地等，供给侧结构性改革要创新和提升资源要素供给水平，为促进产业发展和壮大市场主体提供坚实的资源要素基础。

三、产业融合发展的理论基础

（一）产业融合理论

产业融合概念来源于1963年美国学者罗森伯格的调查，他将关联性、动态性和市场性视作产业融合的重要前提。日本学者植草益（1978）通过进一步研究发现，产业融合是通过相关技术革新和放宽限制来降低行业间的壁垒，加强各行业间的竞合关系。后来的学者更深入探讨了产业融合的概念、动因、效应等方面，认为产业融合与产业重组或产业替代有明显的差别，最有可能发生在产业界限上，是在产业界限上破坏本来互不相关的产业结构，使产业间渗透、融合，使产业间的边界逐渐模糊甚至消失。因此，本书引入产业融合理论作为基础理论之一，为兵团文化产业与旅游产业等产业的融合发展提供较好的理论支撑。

（二）耦合系统理论

国内学者任继周（1994）提出了系统耦合的概念，即若干个性质类似的生态系统如果存在相互亲和的倾向，在状况趋于稳定时它们能够组合产生一个全新的、更高级的功能结构。近年来，"耦合"概念的使用范围逐渐扩大延伸至环境、工业、经济等研究领域，便产生了"产业耦合"的概念。范红艳等（2016）将产业耦合定义为产业之间突破边界，拓展彼此的产业链，使得技术、资源、产品、服务以及企业间相互交融，产生性能更高级和更全面的融合型产业。通过实际调研和查阅相关文献资料可知，文化产业和旅游产业等产业相互依赖、相互促进，具有紧密的关联性及系统耦合的必要条件。因此，本书将耦合系统理论作为理论基础之一，对兵团文化产业和旅游等产业的融合发展机制和策略建议提供较好的理论分析工具。

（三）产业关联理论

产业关联理论是应用经济学中经常使用的理论，其核心思想是对两个或多个产业间的关系强度做数量比例关系方面的系统分析，主要分析方法是投入产出法（范金、郑庆武，2004）等。产业关联理论主要来源于马克思的"两部门再生产理论"和瓦尔拉斯的一般均衡理论；美国著名经济学者瓦西里·里昂惕夫结合前人的相关研究，从经济结构的视角，对美国生产部门和消费单位之间的依存关系进行了数量分析，为以后的两部门之间的依存关系分析提供了较好的研究思路，这对于文化产业和旅游等产业之间的关联分析也有较好的借鉴。

产业关联主要包括两种类型：前向关联（供给和其他产业之间具有部分经济或技术方面的关联）和后向关联（需求和其他产业之间具有部分经济或技术方面的关联）；直接关联（两个产业部门之间由于提供产品或服务形成一定的联系

状态）和间接关联（两个产业部门的联系主要借助其他产业部门得以实现）（谭珊，2017）。文化产业和旅游产业更多属于前向关联、直接关联，产业关联理论的相关内容能够为提升兵团文化产业的关联能力与协同发展提供一定的参考和借鉴。

第三章 兵团文化产业供给侧结构性 改革状况

一、兵团文化产业发展现状

供给侧结构性改革的大背景下，在《兵团文化产业发展规划（2014—2020）》的指引下，兵团文化产业取得了较好的发展，兵团文化产业基础设施得到了较大幅度的改善，兵团文化产业微观层面的主体得到了一定的增强，兵团文化产业增加值逐年上升，为促进兵团社会经济发展做出了较大的贡献，能够较好地契合"先进文化示范区"的定位。

（一）兵团文化产业的基础设施得到了较大幅度的改善

1. 博物馆、纪念馆、图书馆建设状况

兵团统计年鉴显示，2010年兵团仅有军垦博物馆1座，国家三级图书馆1座；2015年兵团拥有各级博物馆、纪念馆89座，图书馆2座（其中，国家三级图书馆1座）和美术馆1座；2020年，兵团拥有各级博物馆、纪念馆81座，图书馆52座，美术馆3座。整体来看，兵团文化产业在博物馆、纪念馆、图书馆和美术馆建

设方面得到了显著增强，为兵团人民的公共文化消费提供了较好的物质基础。

2. 文化活动中心或场所建设状况

2010 年兵团拥有兵团文化中心 1 座，8 个师建有文化中心（文化宫），116 个团场建有文化活动中心，1210 个连队建有文化室，师团有文化广场 102 个；2015 年兵团已建成 1 个兵团文化中心、13 个师建有综合文化活动中心、170 个团场建有综合文化活动中心和 1230 个连队建有综合文化活动室；2020 年，兵团拥有 1 个兵团文化中心、14 个师市建有综合文化活动中心、190 个团场建有综合文化活动中心和 1230 个连队建有综合文化活动室。整体来看，兵团文化活动中心或场所数目逐渐增加，能够为兵团人民的文化消费和文艺产品的播出提供较好的设施供给保障。

3. 广播电视覆盖情况

2010 年兵团的广播覆盖率达 96.0%，电视覆盖率达 98.2%，有线电视入户率达 60.0%；2015 年兵团的广播节目综合人口覆盖率为 98.5%，电视节目综合人口覆盖率为 99.5%，有线电视入户率达到 65%；2020 年兵团的广播节目综合人口覆盖率为 98.8%，电视节目综合人口覆盖率为 99.7%，有线电视入户率达到 70.0%。整体来看，兵团的广播电视覆盖情况逐渐完善，能够对兵团人民的文化产品需求起到刺激和促进的作用。

（二）随着兵团文化产业供给侧结构性改革的推动，兵团文化产业从业人员数、文化产业法人单位数等文化产业微观层面的主体得到了一定的增强

1. 兵团文化产业从业人员数方面

2010 年兵团文化产业从业人员有 5400 人，2015 年兵团文化产业从业人员有 10663 人，2020 年兵团文化产业从业人员有 13460 人。整体来看，兵团文化产业人员数得到一定程度的提升，为兵团文化产业发展提供了较好的人才供给。

2. 文化产业法人单位数方面

本书主要以国有文化产业法人单位数量进行分析，2010 年兵团国有文化产业法人单位有 174 个，2015 年兵团国有文化产业法人单位有 290 个，2020 年兵团国有文化产业法人单位有 358 个。整体来看，兵团国有文化产业法人单位数量得到了显著的提升，从侧面反映了兵团文化产业市场经营主体的实力有了较大程度的提升。

（三）随着兵团文化产业供给侧结构性改革的推动，兵团文化产业的实力和规模也得到较大程度的增强

兵团文化产业增加值从 2012 年的 10.02 亿元增加到 2015 年的 16.84 亿元；通过深化文化产业供给侧结构性改革，兵团文化产业增加值在 2017 年攀升到 19.6 亿元，在 2019 年更是达到 25.19 亿元。由此可见，兵团文化产业发展状况日趋完善，逐步实现跨越式发展和高质量发展的目标。

二、兵团文化产业供给侧结构性改革的现实条件

（一）文化资源禀赋较高

新疆地处西部，古称"西域"，自古以来就是多民族聚居的区域，区域内文化多样、文化瑰宝众多，是一块名副其实的文化富集地。1954 年 10 月 7 日，新疆生产建设兵团正式成立，兵团独有的"军垦精神"是"中华民族精神、井冈山精神、南泥湾精神和延安精神"的延续和传承，已成为新疆文化的重要组成部分，是新疆区域内一块内涵崇高和内容丰富的精神文化高地。在精神文化高地的指引下，兵团文化秉持"兼容并包"的原则，已经形成"军垦文化、屯垦文化与红色文化为主体，丝路文化、中原文化、边疆文化、民族文化、西域文化为镶嵌"的多元文化综合体，为兵团文化产业的发展提供了丰富且独特的文化资源。丰富的文化资源促进兵团各师市均有标志性的文化产品，如第八师石河子市的"兵团军垦博物馆"、第六师五家渠市的"将军纪念馆"、第一师阿拉尔市的"三

五九旅屯垦纪念馆"、第五师双河市的"红星之旅陈列馆"。总体来说，六十多年来，几代兵团人担负屯垦戍边历史使命，彰显出戍边文化特色，为文化产业大发展、快发展提供了宝贵资源。兵团文化资源禀赋较高，已经得到一定程度的开发，但开发成效还需不断增强，这为兵团文化产业的供给侧结构性改革提供了必备的资源条件和主要契机。

（二）产业发展基础较好

近年来，兵团先后出台《关于贯彻〈中共中央关于深化文化体制改革推动社会主义文化大发展大繁荣若干重大问题的决定〉的意见》《关于加快推进兵团文化产业发展的意见》等政策措施或行动方案，为推动兵团文化产业发展提供了较好的行动方向和策略指引，促使兵团文化产业发展的主要目标、重点产业和具体任务更加明确。首先，兵团着力打造"一基五园两区"文化产业园区建设，在兵团总部乌鲁木齐市、石河子市、阿拉尔市、五家渠市等师市形成了一定的文化产业集群，促进了兵团文化产业的快速发展。其次，兵团陆续成立了新闻出版集团、电影院线集团、文广传媒集团、演艺集团等大型文化企业集团。截至2020年底，兵团现有文化企业法人单位500余家，2900余家文化及相关产业个体经营户，带动了约13400余人在兵团文化产业领域实现稳定就业，文化产业就业人口占比处于不断上升阶段。最后，兵团文化产业增加值在2019年达到25.19亿元，是2012年的两倍多，兵团文化产业的整体实力和市场竞争力得到了一定的增强，这也是兵团文化产业基础较好的主要反映。此外，第三次中央新疆工作座谈会召开以来，兵团加快文化产业基础设施建设，不但健全了兵团、师市、团场、连队的四级公共文化服务体系，也为兵团文化产业发展创造了较好的物质条件。整体来看，兵团文化产业发展基础较好，文化基础设施条件相对较为健全，这为兵团文化产业深化供给侧结构性改革提供了较好的产业基础条件。

（三）市场需求空间较广阔

兵团文化产业的市场需求可以从内部和外部两方面进行分析。在内部市场需求方面，兵团居民的人均文体娱消费性支出总额呈现波浪式不断上升的态势，从2010年的1454.34元增加到2015年的2447.45元，再增加到2019年的2598.61元。通过这些数据可以看出，兵团文体娱消费性支出额度有了较大幅度的增加，这从侧面反映了兵团居民对文化产品的需求相对比较旺盛，具有较好的内部市场需求前景。兵团从2016年开始连续多年参加中国（深圳）国际文化产业博览交易会（以下简称文博会），对兵团的文化企业、文化创意设计、特色文旅等领域的成果做了全方位展示和重点项目推介。在第十二届文博会上，兵团90个参展单位带来了211项文化参展项目，"军垦第一犁""兵团印象"等受到众多内地客商和潜在消费者的极大关注，有21个文化产业项目被签约，签约额突破76亿元。在第十五届文博会上，兵团60家企业共计167类4000余件展品参展，现场推介兵团文化和旅游产业项目8个，签约项目14个，总金额达10.47亿元。在第十七届文博会上，兵团近50家企业参展，参展商品11个种类，重点推介了31个优势文旅产业项目，汇集了兵团南北疆优质文化旅游资源，如第一师阿拉尔市旅游宣传推介项目、第二师铁门关市文旅产业招商项目推介、第四师可克达拉市伊帕尔汗薰衣草文旅产业推介项目等，兵团有6个师与7家企业进行了合作签约，签约金额约23亿元。通过文博会的数据可以反映出，兵团外部对兵团文化产品的需求十分旺盛，已经成为推动兵团文化产业的重要外部推动力量。整体来看，兵团文化产业具有较好的内外部市场需求前景，能为持续推进供给侧结构性改革提供较好的需求基础。

三、兵团文化产业供给侧结构性改革的现状

（一）兵团文化产业要素层面改革状况

近年来，在中国供给侧结构性改革政策的引导下，兵团文化产业也在不断深

入推动供给侧结构性改革进程。在文化产业的要素层面，兵团做了一系列的举措，对兵团文化产业的要素水平进行了一定程度的升级和优化。

1. 文化产业人才要素方面

一方面，自 2015 年以来，兵团文化产业从业人员数基本处于不断增加的态势，最高达到 13407 人，在文化人才数量供给方面得到了一定的保障；另一方面，兵团加大了对文化人才质量的提升，通过举办专题培训和实地考察的方式不断提升兵团文化产业从业人员的专业素养。例如，2016 年 5 月，由兵团党委宣传部主办的兵团文化产业专题培训班在深圳开班，来自兵团、师、团场宣传文化系统文化产业骨干和各师重点文化企业负责人参加培训；2020 年 11 月，新疆生产建设兵团文化体育广电和旅游局在西安举办"兵团文化产业人才提升及文旅融合发展培训班"，学员多达 67 人；2021 年 9 月，"兵团文化产业发展专题培训班"在深圳文博会期间开班，来自 14 个师市的 55 名学员参加培训。通过文化产业人才数量和质量的提升，为兵团文化产业发展提供了一定的人才要素支撑。

2. 文化产业资金要素方面

文化产业资金要素的情况，主要以文体娱固定资产的投资额为例进行阐述。近年来，兵团加大文化产业资金供给要素的投入规模；文体娱固定资产投资规模逐年增加，从 2010 年的 2.176 亿元增加到 2017 年的 31.14 亿元，文体娱固定资产投资额增加了十几倍，这凸显了兵团各级层面对供给侧结构性改革的深化和强有力推进。例如，2018 年 9 月，第六师五家渠市与深圳盈泰科技合作的文化产业"一城三馆一园"项目，投资规模达到 60 亿元，该项目依托文化产业园区，对丰富的新疆文旅资源进行优化配置，旨在构建"新疆中华文化传播高地，兵团文化产业创新基地，新疆文化旅游集散中心"。由此可见，兵团在文化产业供给侧结构性改革进程中比较注重资金要素的供给水平和质量。

3. 文化产业科技创新要素方面

近年来，兵团逐渐加大文化产业科技创新方面的投入，如在石河子、五家渠、阿拉尔等兵团师市组建文化产业创意园区，促进兵团文创产品的有效开发。此外，2020 年，兵团文体局举办了"兵团文化旅游商品创新创意设计大赛"，旨在弘扬兵团军垦文化，推出符合市场需求的文创旅游商品，加快"文化与科技"的融合渗透，以推动文化创意类产品的快速发展。整体来看，兵团在加大文化产业领域的科技创新力度，从文博会的情况来看，取得了一定的改革成效。

（二）兵团文化产业结构层面改革状况

随着供给侧结构性改革的推进，兵团围绕文化产业在结构层面做了一定的改革，在兵团文化产业区域结构布局、产业结构布局、产品结构优化等方面也有一些较好的供给侧结构性改革举措，取得了一定的成效。

1. 兵团文化产业区域结构布局方面

为将兵团文化产业打造成兵团支柱性新兴产业，兵团从整体层面进行了系统考虑，初步对文化产业的区域结构进行了布局，提出了"一基五园两区"区域结构构想。这个构想的核心内容是：一基：兵团文化传媒发展基地；五园：兵团文化产业园区、石河子文化产业园、五家渠文化产业园、阿拉尔文化产业园、北屯文化产业园；两区：喀什、霍尔果斯两个经济开发区兵团分区文化产业园区。目前，兵团文化产业正在围绕这一构想进行产业区域结构的调整与优化，在文化产业集群发展和文化产业区域协调发展方面取得了一定的成效。

2. 兵团文化产业业态结构调整方面

兵团依托传统文化产业优势，在供给侧结构性改革进程中重点发展了新闻出版、电视电影制作、演艺产业、屯垦旅游、休闲娱乐等传统文化产业业态，并大力培育了文化创意、数字动漫、文化会展等新兴文化业态，对兵团文化产业的业态结构进行了一定的调整和优化，为兵团文化产业的转型升级提供了初步的条件。

3. 兵团文化产品结构优化方面

提升文化产品的供给质量是文化产业供给侧结构性改革的核心内容。在推进兵团文化产业供给侧结构性改革进程中，兵团逐渐注重文化产品的供给质量，通过实施"兵团舞台艺术精品工程""兵团戏曲传承发展扶持工程""军垦题材美术创作工程"和"兵团文艺精品工程"，为兵团文化创意作者提供充足的专项扶持资金，鼓励其创作出更多的文化精品、文化名品，并取得了初步的成效。例如，文学作品《西长城》荣获鲁迅文学奖；舞剧《戈壁青春》、豫剧《戈壁母亲》等先后获得国家艺术基金项目资助；电视剧《沙海老兵》《大牧歌》登陆央视荧幕；《屯垦爹娘》荣获"五个一工程"奖。这些文化精品凸显了兵团屯垦精神和军垦文化，是兵团文化产业快速发展的主要反映。

（三）兵团文化产业制度层面改革状况

随着供给侧结构性改革的推进，兵团围绕文化产业在制度层面做了一定的改革，在兵团文化产业发展规划、行政管理体制改革、市场经济体系建设等方面也有一些较好的供给侧结构性改革举措，并取得了一定的成效。

1. 兵团文化产业发展规划方面

为促进文化产业高质量发展，兵团陆续出台了《关于加快推进兵团文化产业发展的意见》《兵团文化产业发展规划（2014—2020）》《新疆生产建设兵团历史文化和旅游业发展专项规划》，并进入正式编制阶段，《新疆生产建设兵团第九师文化和旅游发展十四五规划》也进入规划阶段。由此可见，兵团在文化产业发展方面进行了较好的顶层设计，并取得了一定的效果。

2. 兵团文化行政管理体制改革方面

兵团在行政管理体制上也做了一定的改革，首先，文化体育广电和旅游局下设文化处和文化市场管理处，行使兵团文化管理工作的职能，在一定程度上做到了管办分离，提升了行政管理的工作效能，促进市场主体的活力释放。其次，推动"放管服"改革，建立文化体育广电和旅游局政府服务网站和平台，在一定程度上提升了兵团文化产业市场主体的服务质量和办事效率。

3. 兵团文化产业市场经济体系建设方面

一方面，兵团努力推动兵团文化产业、文化产品"走出去"，2016~2021年，兵团连续组团参加了第十二届、第十三届、第十四届、第十五届、第十六届、第十八届文博会，累计签约项目100多个，签约金额突破200亿元，为完善兵团文化产业的市场经济体系提供了较好的助力。另一方面，兵团为促进市场经济体制的改革，着力完善了兵团文化产品市场和兵团文化产业要素市场的建设。此外，兵团不断对市场经营主体进行培育，已经形成"公有制与其他所有制并存"的多元化市场主体布局，为兵团文化产业的快速发展提供了较好的市场根基和主体，刺激了市场机制的有效运行。

第四章　基于发展水平评价的兵团文化产业供给侧结构性改革成效分析

在论述兵团文化产业发展现状及供给侧结构性改革状况的基础上，需要进一步对供给侧结构性改革背景下的兵团文化产业发展水平进行科学评价，以达到较准确的测度，方便总结和梳理兵团文化产业供给侧结构性改革的具体成效。本章在第三章的基础上，结合供给侧结构性改革背景，在科学性、全面性、典型性与可操作性等原则的指导下，构建兵团文化产业发展水平指标体系，并采用熵权TOPSIS法对兵团2010~2019年的文化产业发展水平进行测度，通过综合评价和对比分析，反映兵团文化产业供给侧结构性改革的具体成效，为初步识别供给侧结构性改革中存在的诸多问题与制约因素打下基础。

一、兵团文化产业发展水平评价指标体系的构建

（一）构建的原则

1. 科学性

兵团文化产业发展水平评价指标的选取应该能够真实反映出兵团文化产业发

展的实际状况，以便于科学地分析，为兵团文化产业发展水平评价提供科学合理的价值参考。

2. 全面性

所选取的兵团文化产业发展水平评价指标应尽可能全面地反映兵团文化产业发展的总体特点，评价指标要从整体出发、系统甄选，较为全面、准确地反映兵团文化产业的发展水平。

3. 典型性

兵团文化产业发展水平评价应根据兵团文化产业发展的现状，选取最具典型性、代表性，最能反映所要研究问题的指标，以方便评估兵团文化产业的发展水平及变化趋势。

4. 可操作性

在兵团文化产业发展水平评价指标的选取过程中，要注重指标数据是否可得，能够进行计算、测度和比较的指标。另外，还应兼顾兵团文化产业的实际发展状况。

（二）构建的兵团文化产业发展水平评价指标体系

供给侧结构性改革背景下的兵团文化产业发展水平评价指标体系要体现文化产业高质量发展的内涵和诉求，也要与"供给侧结构性改革"的"三大抓手：要素、结构、体制"相契合，还要能准确地把握兵团文化产业发展中面临的实际问题。

在科学性、原则性、典型性与可操作性原则的指引下，综合参考《中国省市文化产业发展指数2012》《中国文化产业高质量发展指数2019》等公开发布的文化产业发展指数研究以及波特的钻石理论，综合考虑兵团文化产业的发展和相关行业专家的意见，选取相应的各项指标构成评价指标体系。本书构建了由产业规模、产业要素、产业结构、产业关联、产业需求潜力、产业创新支撑6个二级指标、28个三级指标构成的兵团文化产业发展水平指标体系，如表4-1所示。

表 4-1 兵团文化产业发展水平评价指标体系

A 层	B 层	C 层	指标权重
兵团文化产业发展水平	产业规模 (0.1444)	第三产业增加值（亿元）	0.0358
		文化产业增加值（亿元）	0.0342
		文化产业法人单位数量（家）	0.0368
		文化产业总产出（亿元）	0.0376
	产业要素 (0.2726)	博物馆、纪念馆、图书馆与美术馆数（个）	0.0702
		各级文化活动中心数（个）	0.0812
		电视人口综合覆盖率（%）	0.0211
		广播人口综合覆盖率（%）	0.0231
		文化产业从业人员数（人）	0.0286
		文体娱固定资产投资（亿元）	0.0484
	产业结构 (0.126)	文化产业增加值占全国比重（%）	0.0320
		文化产业增加值占地区 GDP 的比重（%）	0.0362
		文化产业增加值占地区第三产业增加值比重（%）	0.0265
		文化产业从业人数占就业总人口的比重（%）	0.0313
	产业关联 (0.2154)	平均每百户拥有移动电话数（部）	0.0206
		平均每百户拥有电脑数（台）	0.0138
		接纳旅游总人数（人次）	0.0447
		旅游业年收入（亿元）	0.0518
		在校大学生占全区人口的比重（%）	0.0436
		教育固定资产投资占全社会固定资产总投资的比重（%）	0.0409
	产业需求潜力 (0.1136)	地区人均 GDP（元）	0.0238
		人均居民可支配收入（元）	0.0292
		人均文化娱乐消费支出（元）	0.0252
		文化娱乐消费占消费性支出的比重（%）	0.0354
	产业创新支撑 (0.1279)	研发经费支出占地区 GDP 的比重（%）	0.0234
		政府研究机构课题立项数（个）	0.0252
		每百万人专利授权数量（个/百万人）	0.0326
		文体娱固定资产投资占全社会总投资的比重（%）	0.0467

二、数据收集与评价方法

（一）数据收集

本书所涉及的数据主要来源于 2010~2020 年《新疆生产建设兵团统计年鉴》《新疆生产建设兵团经济社会发展统计公报》，以及兵团宣传部、兵团文体局、兵团财政局、兵团教育局等网站获取的相关数据资料。为确保数据样本量和数据可得性，采取插值法、平滑指数等方法来弥补数据的不足。

（二）评价方法：熵权 TOPSIS 法

本书主要采用熵权 TOPSIS 法对兵团文化产业发展水平进行测度，熵权 TOPSIS 法以熵权法为基础客观确定权重，再用欧式距离获得各评价对象与正理想方案的相对接近程度，并以这种贴近度作为评价排序的依据，其方法的客观性较强。主要分为三步：首先，对数据进行标准化处理；其次，通过熵权法 TOPSIS 对各个基础指标进行赋值，计算相应的权重；最后，采用熵权 TOPSIS 法对 2010~2019 年的兵团文化产品发展水平进行排序。

具体的计算过程如下：

假设评价对象有 m 个，每个被评价对象的评价指标有 n 个，构建判断矩阵如下：

$$X = (X_{ij})\ m \times n\ (i = 1, 2, \cdots;\ j = 1, 2, \cdots) \tag{4-1}$$

第一步：数据标准化处理：

$$Y_{ij} = \frac{X_{ij} - \min (X_{ij})}{\max (X_{ij}) - \min (X_{ij})} \tag{4-2}$$

式中，X_{ij} 为该项指标的原始值；$\min (X_{ij})$、$\max (X_{ij})$ 分别为该项指标所

在组的最小值、最大值；Y_{ij} 为某项指标的标准化值。

第二步：计算兵团文化产业发展水平评价指标的信息熵 E_i：

$$E_i = \ln \frac{1}{n} \sum_{j=1}^{n} \left[\left(\frac{Y_{ij}}{\sum\limits_{j=1}^{n} Y_{ij}} \right) \ln \left(\frac{Y_{ij}}{\sum\limits_{j=1}^{n} Y_{ij}} \right) \right] \quad\quad (4-3)$$

第三步：测算指标权重 W_i：

$$W_i = \frac{1 - E_i}{\sum\limits_{i=1}^{m} (1 - E_i)} \quad\quad (4-4)$$

第四步：根据标准化后的基础指标和指标权重可得到指标体系的加权矩阵 R：

$$R = (W_i Y_{ij}) \, m \times n \quad\quad (4-5)$$

第五步：通过加权矩阵可得到正理想解 Q_i^+ 和负理想解 Q_i^-，计算得到 Q_i^+ 和 Q_i^- 的欧式距离 d_j^+ 和 d_j^-：

$$d_j^+ = \sqrt{\sum_{i=1}^{m} (Q_i^+ - W_i Y_{ij})^2} \quad\quad (4-6)$$

$$d_j^- = \sqrt{\sum_{i=1}^{m} (Q_i^- - W_i Y_{ij})^2} \quad\quad (4-7)$$

第六步：计算得到每种测度方案与理想方案之间的接近度 C_j：

$$C_j = \frac{d_j^-}{d_j^+ + d_j^-} \quad\quad (4-8)$$

式中，C_j 的取值范围为 $0 \sim 1$，C_j 值越大，表明该方案与正理想解的相对距离越近。

经计算，兵团文化产业发展水平评价指标体系如表4-1所示。

三、评价结果分析

（一）兵团文化产业发展水平时序变化分析

本书系统采集了新疆生产建设兵团 2010~2019 年与文化产业相关的详细数据，运用熵权 TOPSIS 法计算得出兵团文化产业发展水平指数，具体如表 4-2 所示。2010~2019 年兵团文化产业发展水平指数呈现出"不断攀升"的变动趋势。从波动幅度和增幅来看，兵团文化产业发展水平可以分为两个阶段：第一阶段（2010~2014 年）兵团文化产业发展水平呈现缓慢的上升趋势，兵团文化产业发展处于循序渐进的改善时期；第二阶段（2015~2019 年）兵团文化产业发展水平呈现飞速攀升的趋势，只是在 2018 年略有下滑，整体来看，兵团文化产业发展成效显著，这得益于兵团 2015 年底推进的文化产业供给侧结构性改革举措的影响。通过两个阶段的对比可以发现，兵团文化供给侧结构性改革对兵团文化产业的发展起到了较强的推动作用。从增长率来看，2015 年增长率最高，达到45.82%；而 2011 年增长率出现了负值，2012 年的增值率也仅为 5.77%；2016~2019 年（除 2018 年外）增值率相对较高，为 10%~15%，增长态势基本平稳，且是高增长，这与兵团文化产业供给侧结构性改革的有效推进相吻合。综合来看，2010~2019 年兵团文化产业发展综合水平明显提升，产业发展质量和规模实力等都得到了加强；尤其在 2015 年底启动供给侧结构性改革后，呈现平稳高速增长态势，但也要深刻剖析 2018 年略有下滑的深层次原因。

表 4-2　兵团文化产业发展水平指数及排序变化

年份	正理想解距离	负理想解距离	相对接近度	排序结果
2010	0.191	0.053	0.219	9

续表

年份	正理想解距离	负理想解距离	相对接近度	排序结果
2011	0.185	0.049	0.208	10
2012	0.182	0.051	0.220	8
2013	0.162	0.065	0.285	7
2014	0.157	0.075	0.323	6
2015	0.121	0.107	0.471	5
2016	0.107	0.125	0.540	4
2017	0.098	0.143	0.592	2
2018	0.099	0.139	0.585	3
2019	0.083	0.171	0.675	1

（二）兵团文化产业发展水平各分类指标变化趋势分析

1. 兵团文化产业规模指数的变化趋势分析

从表4-3可以看出，兵团文化产业规模指数在2010~2019年呈现不断攀升的变动趋势，只在2018年略有下滑。其中，2010~2014年呈现快速扩张的态势，增幅相对较大，增长率呈现倍数增长。造成这种状况的原因是，2010年以前兵团文化产业规模较小，2010年后兵团文化产业规模增长较快，兵团文化产业规模和实力逐步实现跨越式发展。2015~2019年，除2018年外，兵团文化产业规模指数呈现平稳的高速增长态势，增幅每年在0.1左右，增长率处于20%~28%，总的来说，该阶段，兵团文化产业发展状况良好，规模和实力平稳增长，基本符合《兵团文化产业发展规划（2014—2020）》与兵团文化产业供给侧结构性改革（始于2016年）的发展纲要。

表4-3 2010~2019年兵团文化产业规模指数及排序

年份	正理想解距离	负理想解距离	相对接近度 C	排序结果
2010	0.499	0.006	0.012	10
2011	0.477	0.024	0.048	9

续表

年份	正理想解距离	负理想解距离	相对接近度 C	排序结果
2012	0.454	0.048	0.095	8
2013	0.364	0.139	0.276	7
2014	0.301	0.206	0.406	6
2015	0.245	0.262	0.516	5
2016	0.193	0.317	0.622	4
2017	0.111	0.413	0.788	2
2018	0.126	0.422	0.771	3
2019	0.019	0.487	0.963	1

从具体的指标来看，文化产业总产出、文化产业法人单位数、第三产业增加值、文化产业增加值的权重基本相当，相对来讲，文化产业总产出、文化产业法人单位数占有更重要的分量；四个指标中，第三产业增加值、文化产业总产出、文化产业增加值呈现不断增长的态势，文化产业法人单位数只在 2018 年略有下滑。综合来看，兵团文化产业规模在 2010~2019 年呈现了前期飞速扩展、后期高速增长的态势，文化产业供给侧结构性改革效果显著，促进了兵团文化产业的规模有序平稳高质量成长，并在 2019 年达到 0.963 的产业规模指数。

2. 兵团文化产业要素指数的变化趋势分析

从表 4-4 可以看出，兵团文化产业要素指数在 2010~2019 年呈现不断攀升的变动趋势，只是在 2018 年有较大下滑。其中，2010~2015 年呈现快速扩张的态势，增幅相对较大，增长率处于 50%~105%，属于快速发展的阶段。造成这种状况的原因是，与 2010 年以前相比，2010 年后兵团文化要素投入增长幅度大，在文化公共资源、文化人力资本等方面进行了较大规模的投入。2016~2019 年，兵团文化产业要素指数呈现波浪式缓慢增长的态势；其中，2016~2017 年，每年增幅在 0.05 左右，增长率处于 7%~14%，2018~2019 年，出现跳跃式的下降与上升，这可能与兵团 2018 年的调整投资规模有一定的关系。总的来说，2016~2019 年，兵团文化产业要素水平不断提升，要素结构也在不断优化调整，符合《兵团文化产业发展规划（2014—2020）》与兵团文化产业供给侧结构性改革的具体要求。

表4-4　兵团文化产业要素指数及排序变化

年份	正理想解距离	负理想解距离	相对接近度	排序结果
2010	0.457	0.003	0.006	10
2011	0.449	0.023	0.048	9
2012	0.443	0.048	0.098	8
2013	0.420	0.074	0.149	7
2014	0.410	0.120	0.226	6
2015	0.280	0.233	0.454	5
2016	0.260	0.275	0.514	3
2017	0.244	0.304	0.555	2
2018	0.268	0.238	0.471	4
2019	0.130	0.419	0.763	1

　　从具体的指标权重来看，博物馆、纪念馆、图书馆与美术馆数，各级文化活动中心数，文体娱固定资产投资三个指标的权重最大，文化产业从业人员数次之，而电视人口综合覆盖率与广播人口综合覆盖率权重相对较小。从具体的指标数值来看，博物馆、纪念馆、图书馆与美术馆数，各级文化活动中心数呈现不断增长的态势，文化产业从业人员数、文体娱固定资产投资在2018～2019年均有下滑趋势。综合来看，兵团文化要素指数在2010～2019年呈现了前期快速增长、后期波浪式平缓增长的态势，兵团文化产业的要素水平得到一定程度提升，体现了兵团文化产业供给侧结构的要素升级成效。但兵团文化产业要素指数相对较小，还没有达到较优状态，文化产业从业人员数、文体娱固定资产投资等要素还存在较大不足，亟须完善。

　　3. 兵团文化产业结构指数的变化趋势分析

　　从表4-5可以看出，兵团文化产业结构指数在2010～2019年呈现先波浪式上升再下降的变动趋势。其中，2010～2015年呈现波浪式攀升的变动态势，尤其是在2013年增幅实现了跳跃式增长，增长率达到2.75倍；2016～2017年呈现快速高质量增长的变动态势，表明在推进供给侧结构性改革过程中，兵团文化产业结构得到较好的优化，产业结构实现了升级；2018～2019年呈现一定幅度的下滑，可能与兵团文化产业结构性改革的相关政策有一定关系，还需要进一步剖析深层次的原因。

表4-5　兵团文化产业结构指数及排序变化

年份	正理想解距离	负理想解距离	相对接近度	排序结果
2010	0.500	0.004	0.009	10
2011	0.448	0.071	0.137	8
2012	0.453	0.07	0.134	9
2013	0.256	0.258	0.502	6
2014	0.299	0.236	0.442	7
2015	0.238	0.274	0.535	5
2016	0.139	0.374	0.728	3
2017	0.051	0.47	0.901	1
2018	0.112	0.453	0.801	2
2019	0.247	0.294	0.544	4

从具体的指标权重来看，文化产业增加值占地区GDP的比重、文化产业增加值占全国文化产业增加值的比重两个指标的权重最大，文化产业从业人数占就业总人口的比重次之，而文化产业增加值占地区第三产业增加值的比重的权重相对较小，但也有较大的权重。从具体的指标数值来看，文化产业增加值占地区GDP的比重呈现不断增长的态势，文化产业增加值占全国文化产业增加值的比重呈现波浪式平缓增长的态势，文化产业增加值占地区第三产业增加值的比重均呈现前期波浪式增长、后期平缓增长的态势，而文化产业从业人数占就业总人口的比重呈现先波浪式上升后缓慢下降的态势。综合来看，2010～2019年兵团文化产业结构指数虽前期处于波浪式增长、后期呈现一定的下降趋势，但2016～2019年的兵团文化产业结构指数的水平仍然高于2010～2015年，说明兵团供给侧结构性改革在文化产业结构调整方面取得了较好的效果，但仍需

要深刻剖析后期下降的原因。初步来看，增加兵团文化产业增加值占地区第三产业增加值的比重和文化产业从业人数占就业总人口的比重是优化兵团文化产业结构的关键突破口。

4. 兵团文化产业关联指数的变化趋势分析

从表4-6可以看出，兵团文化产业关联指数在2010～2019年呈现"先下降再上升"的变动趋势。其中，2010～2013年，兵团文化产业关联指数呈持续下降的态势，尤其是在2013年，下降速度达到38.67%；可以看出，该阶段兵团文化产业与信息技术产业、旅游产业、教育产业融合度较低，没有形成有效的协同效应，兵团文化产业与相关产业之间协调性发展模式有待完善。2014～2019年，兵团文化产业关联指数呈持续攀升趋势；其中，2014～2015年增长幅度相对较少，处于平缓时期，2016～2019年增长幅度较大，尤其是2018年增长率达到53.2%，处于高速增长时期。通过2016年前后增长幅度和增长率的对比，可以看出，兵团供给侧结构性改革在文化产业与相关产业的协调发展方面取得显著的成效，兵团文化产业与信息技术产业、旅游产业、教育产业融合度得到较大程度的提升。

表4-6　兵团文化产业关联指数及排序变化

年份	正理想解距离	负理想解距离	相对接近度	排序结果
2010	0.347	0.230	0.398	3
2011	0.348	0.197	0.362	5
2012	0.354	0.152	0.300	7
2013	0.373	0.084	0.184	10
2014	0.359	0.099	0.216	9
2015	0.34	0.116	0.253	8
2016	0.306	0.155	0.336	6
2017	0.291	0.187	0.391	4
2018	0.195	0.291	0.599	2
2019	0.181	0.385	0.680	1

从指标权重来看，接纳旅游总人数、旅游业年收入、在校大学生占全区人口的比重、教育固定资产投资占全社会固定资产总投资的比重的权重较大。从具体的指标数值来看，接纳旅游总人数、旅游业年收入呈现不断增长的态势，各级各类学生占全区人口的比重呈现持续下降的态势，教育固定资产投资占全社会固定资产总投资的比重呈现先下降后上升的态势。综合来看，兵团文化产业关联指数在经历缓慢下降后逐渐走向复苏之路，并在 2019 年达到最佳，综合得分指数达到 0.680。但综合指数得分相对较小，兵团文化产业与相关支持产业的协调发展有待进一步加强，尤其是兵团文化产业与旅游产业、教育产业的融合。

5. 兵团文化产业需求潜力指数的变化趋势分析

从表 4-7 可以看出，兵团文化产业需求潜力指数在 2010～2019 年呈现先下降再上升后下降的变动趋势。其中，2010～2012 年，兵团文化产业需求潜力指数处于缓慢下降阶段；2013～2015 年，处于高速增长阶段，增长率为 18%～190%；2016～2019 年呈现波浪式缓慢下降的态势。通过对比可以发现，从指数得分的绝对值来看，2016 年后的兵团文化产业需求潜力指数虽呈下降趋势，但仍高于 2014 年以前的时期，这说明兵团文化产业供给侧结构性改革取得了一定的成效，由于部分措施的不合理，导致兵团文化产业需求潜力出现一定的波动，有待进行问题剖析和策略调整优化。

表 4-7　兵团文化产业需求潜力指数及排序变化

年份	正理想解距离	负理想解距离	相对接近度	排序结果
2010	0.425	0.165	0.280	8
2011	0.429	0.085	0.165	10
2012	0.436	0.088	0.168	9
2013	0.265	0.254	0.490	7
2014	0.174	0.358	0.672	2
2015	0.110	0.431	0.796	1
2016	0.225	0.323	0.590	4
2017	0.199	0.383	0.657	3

续表

年份	正理想解距离	负理想解距离	相对接近度	排序结果
2018	0.268	0.369	0.579	5
2019	0.312	0.399	0.562	6

从具体的指标权重来看，文化娱乐消费占消费性支出的比重权重最大，在需求潜力评估方面发挥最大的作用；人均居民可支配收入、人均文化娱乐消费支出、地区人均 GDP 的权重基本相当，属于影响相对较小的指标。从具体的指标数值来看，人均居民可支配收入、地区人均 GDP 呈现不断增长的态势；人均文化娱乐消费支出在 2016~2019 年出现了较小的波动，文化娱乐消费占消费性支出的比重呈现先下降再上升后下降的态势。综合来看，兵团文化产业需求潜力指数呈现先下降再上升后下降的态势，造成这一态势的主要原因是，文化娱乐消费占消费性支出的比重出现较大的波动。通过深入剖析可以看出，2016 年后兵团文化产业供给侧结构性改革虽取得了一定成效，但是高质量文化产品的供给不足、供需错配、经营主体营销能力不足等问题是导致文化娱乐消费占比出现波动的深层次原因，使文化娱乐消费的占比不断下降。

6. 兵团文化产业创新支撑指数的变化趋势分析

从表 4-8 可以看出，兵团文化产业创新支撑指数在 2010~2019 年呈现先波浪式上升后不断下降的变动趋势。其中，2010~2015 年，兵团文化产业创新支撑指数处于波浪式上升阶段，增长幅度相对较小，并且在 2014 年出现了较大的波动；2016~2019 年，兵团文化产业创新支撑指数处于缓慢下降阶段，下降幅度相对比较平缓，只是在 2019 年出现了较大幅度的下降。通过 2016~2019 年和 2010~2015 年兵团文化产业创新支撑指数的对比可以发现，兵团文化产业在供给侧结构性改革政策的影响下，创新能力和体制保障等方面在 2016~2017 年取得了较好的成效，但在 2018~2019 年出现了一定的下滑，需要剖析导致兵团文化产业创新支撑能力下滑的深层次原因。

表 4-8　兵团文化产业创新支撑指数及排序变化

年份	正理想解距离	负理想解距离	相对接近度	排序结果
2010	0.472	0.056	0.106	10
2011	0.456	0.143	0.239	9
2012	0.397	0.268	0.403	7
2013	0.340	0.266	0.439	5
2014	0.383	0.202	0.345	8
2015	0.248	0.338	0.577	4
2016	0.133	0.453	0.772	1
2017	0.172	0.423	0.711	2
2018	0.266	0.383	0.590	3
2019	0.332	0.254	0.433	6

从具体的指标权重看，文体娱固定资产投资的权重最大，政府研究机构课题立项数的权重次之，每百万人专利授权数量和研发经费支出占地区 GDP 的比重的权重相对较小。从具体的指标数值来看，研发经费支出占地区 GDP 的比重呈现先上升后下降的态势、每百万人专利授权数量呈现先上升后缓慢下降的态势、政府研究机构课题立项数呈现先快速上升后缓慢下降的态势、文体娱固定资产投资占比呈现先波浪式上升后略有下降的态势。综合来看，兵团文化产业创新支撑指数表现起伏较大，这和兵团文化产业供给侧结构性改革中对创新支撑体系的政策不确定性较高有关。通过深入分析可以看出，研究经费的投入减少、专利授权申请不稳定、文体娱固定资产投资占比波动大是导致兵团文化产业创新支撑指数出现下滑的深层次原因。

（三）兵团文化产业发展水平指数和各分类指标指数的综合分析

为了系统反映兵团文化产业发展水平指数和各分类指标指数的变化趋势，特绘制了表 4-9，对兵团文化产业发展水平指数和各分类指标指数做综合分析。

表 4-9　2010～2019 年兵团文化产业发展水平指数及各分类指标指数

年份	产业发展水平指数	产业规模指数	产业要素指数	产业结构指数	产业关联指数	产业需求潜力指数	产业创新支撑指数
2010	0.219	0.012	0.006	0.009	0.398	0.280	0.106
2011	0.208	0.048	0.048	0.137	0.362	0.165	0.239
2012	0.220	0.095	0.098	0.134	0.300	0.168	0.403
2013	0.285	0.276	0.149	0.502	0.184	0.490	0.439
2014	0.323	0.406	0.226	0.442	0.216	0.672	0.345
2015	0.471	0.516	0.454	0.535	0.253	0.796	0.577
2016	0.540	0.622	0.514	0.728	0.336	0.590	0.772
2017	0.592	0.788	0.555	0.901	0.391	0.657	0.711
2018	0.585	0.771	0.471	0.801	0.599	0.579	0.590
2019	0.675	0.963	0.763	0.544	0.680	0.562	0.433

从表 4-9 中可以看出，2010～2019 年，兵团文化产业发展水平指数呈现出不断攀升的变动趋势；兵团文化产业规模指数呈现前期飞速扩展、后期高速增长的变动趋势；兵团文化要素指数呈现前期快速增长、后期波浪式平缓增长的变动趋势；兵团文化产业结构指数呈现前期处于波浪式增长、后期呈现缓慢下降的变动趋势；兵团文化产业关联指数呈现先缓慢下降后逐渐走向复苏的变动趋势；兵团文化产业需求潜力指数呈现先下降再上升后下降的变动趋势；兵团文化产业创新支撑指数呈现先波浪式上升后不断下降的变动趋势。整体来看，兵团文化产业发展状况日趋良好，产业竞争能力日趋提升，产业规模和产业实力都得到较大的加强，凸显了兵团文化产业供给侧结构性改革已取得一定的成效。但在产业结构、产业要素、产业关联、产业需求潜力、产业创新支撑等方面成效略显不足，均存在一定的问题，如产业要素水平投入有限、产业结构不够优化、产业关联协调性较差、产业需求潜力波动大、产业创新支撑薄弱等，导致产业发展的各个子系统之间协调性不足，亟须在供给侧结构性改革方面做出更好的调整和优化，以促进兵团文化产业尽快实现高质量发展。

同时，为了更加直观地显示兵团文化产业发展水平指数和各分类指标指数的变化趋势，采用折线图的方式绘制了图4-1。在图4-1中兵团文化产业发展水平指数和各分类指标指数的变动轨迹十分醒目，为更快了解兵团文化产业发展水平及各分类指标的发展阶段提供视觉的感知。

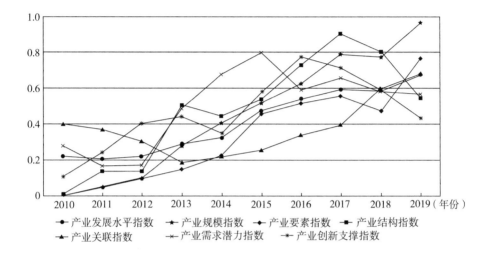

图4-1　兵团文化产业发展水平指数和各分类指标指数的变化趋势

四、基于发展水平评价的兵团文化产业供给侧结构性改革的成效分析

上一部分通过绘制表格和图形的方式，对兵团文化产业发展水平指数和各分类指标指数的变动趋势做了系统分析；通过这些分析结果，可以为总结兵团文化产业供给侧结构性改革的成效方面提供较好的数据支撑。本章的兵团文化产业供给侧结构性改革成效分析主要采用对比的方法进行。

（一）兵团文化产业发展水平的整体成效分析

通过表4-2和图4-1可知，与2010～2014年相比，兵团文化产业发展水平在2015～2019年呈现平稳高速增长的变动态势，兵团文化产业发展水平指数在供给侧结构性改革后远高于2010～2014年。这表明兵团文化产业供给侧结构性改革取得了较大的成效，兵团文化产业发展质量和综合实力等都得到了增强。但兵团文化产业发展水平指数最高仅为0.675，属于良好的综合得分，离优秀的综合得分还存在一定的距离，表明兵团文化产业供给侧结构性改革仍然任重而道远。

（二）兵团文化产业规模的成效分析

通过表4-3和图4-1可知，与2010～2014年的快速扩张态势相比，兵团文化产业规模指数在2015～2019年呈现高速增长的变动态势，并且产业规模指数逐年升高，远高于2010～2014年，在2019年更是达到0.963。这表明随着兵团文化产业供给侧结构性改革的推动，兵团文化产业规模和体量得到极大的提升，供给侧结构性改革在兵团文化产业规模方面取得了显著的成效。

（三）兵团文化产业要素的成效分析

通过表4-4和图4-1可知，与2010～2015年的快速扩张态势相比，兵团文化产业要素指数在2016～2019年呈现波浪式缓慢增长的态势，产业要素指数高于2010～2015年，表明通过供给侧结构性改革，兵团文化产业要素水平得到了一定程度的升级，供给侧要素改革方面具有一定的成效。但兵团文化产业要素指数在2018～2019年出现跳跃式的下降与上升，说明兵团文化产业供给侧结构性改革在要素市场方面的政策不稳定，文化产业从业人员的数量和质量、文体娱固定资产投资规模和效率等存在较大不足，需要在后期的供给侧结构性改革中给予深化和调整。

（四）兵团文化产业结构的成效分析

通过表 4-5 和图 4-1 可知，与 2010~2015 年的波浪式攀升态势相比，兵团文化产业结构指数在 2016~2019 年呈现先上升到最优后缓慢下降的态势，2016~2019 年的兵团文化产业结构指数的水平仍然高于 2010~2015 年，尤其是 2016~2017 年结构指数达到最优的状态。这表明通过兵团文化产业深化供给侧结构性改革，兵团文化产业结构升级得到显著提升。此外，兵团文化产业结构指数在 2018~2019 年出现一定程度的下降，说明兵团文化产业供给侧结构性改革在结构优化升级方面的政策还缺乏较好的稳定性。通过深入剖析，兵团文化产业增加值在第三产业增加值的比重和文化产业从业人数占就业总人口的比重是导致后期缓慢下降的主要原因，需要在以后的供给侧结构性改革进程中继续优化升级，以确保兵团文化产业结构升级得到不断稳步提升。

（五）兵团文化产业关联的成效分析

通过表 4-6 和图 4-1 可知，与 2010~2013 年的持续下降态势相比，兵团文化产业关联指数在 2014~2019 年呈现持续不断攀升的态势，尤其在 2016~2019 年增长幅度较大，处于高速增长时期。这表明兵团供给侧结构性改革在文化产业与相关产业的协调发展方面取得显著的成效，兵团文化产业与信息技术产业、旅游产业、教育产业之间的融合得到较大程度的促进。但兵团文化产业关联指数最高才 0.680，指数得分相对较小；兵团文化产业与相关支持产业的协调发展亟须进一步加强，尤其是兵团文化旅游的融合和文化教育的融合。

（六）兵团文化产业需求潜力的成效分析

通过表 4-7 和图 4-1 可知，2010~2012 年，兵团文化产业需求潜力指数处于缓慢下降阶段；2013~2015 年处于高速增长阶段；2016~2019 年呈现波浪式缓慢下降态势。2016 年后兵团文化产业需求潜力指数虽呈下降趋势，但仍高于 2014 年以前的指数得分。这表明通过兵团文化产业供给侧结构性改革，兵团文化产业的需求潜力得到了一定的促进，但由于部分政策不优化，兵团文化产业需求潜力波动依然存在。深入剖析，兵团文化产业高质量产品的供给不足、供需错配、经营主体营销能力薄弱等是导致兵团文化产业需求潜力裹足不前的深层次原因，兵团文化产业的后续供给侧结构性改革中，需要加大优质文化产业的有效供给、优化产品供给结构、不断提升经营主体的综合实力。

（七）兵团文化产业创新支撑的成效分析

通过表4-8和图4-1可知，与2010~2015年的波浪式上升态势相比，兵团文化产业创新支撑指数在2016~2019年呈现缓慢下降态势，但兵团文化产业创新支撑指数得分在2016~2017年仍高于2015年以前的指数得分。这表明兵团文化产业通过供给侧结构性改革，在创新能力和体制保障等方面在2016~2017年取得了较好的成效。但在2018~2019年，兵团文化产业创新支撑指数依然在下降，尤其在2019年出现了较大幅度的下降。通过深入剖析，发现研究经费的投入减少、专利授权申请数量少和质量差、文体娱固定资产投资占比波动大是造成兵团文化产业创新支撑能力薄弱的主要原因。

（八）综合来看

与2010~2015年相比，通过深入推进文化产业供给侧结构性改革，2016~2019年，兵团文化产业在发展水平指数、产业规模指数、产业要素指数、产业结构指数、产业关联指数、产业需求潜力指数、产业创新支撑指数方面的得分都有不同程度的提高，这表明兵团文化产业供给侧结构性改革取得了一定的成效，产业规模得到了壮大、产业要素水平得到了提升、产业结构得到了优化、产业关联得到了促进、产业需要潜力得到了刺激、产业创新支撑得到了提升。

但通过进一步分析发现，兵团文化产业发展水平指数在2016~2019年呈现平稳高速增长态势、兵团文化产业规模指数在2016~2019年呈现高速增长态势、兵团文化产业关联指数在2016~2019年呈现持续不断攀升态势；此外，兵团文化产业要素指数在2016~2019年呈现波浪式缓慢增长态势、兵团文化产业结构指数在 2016~2019 年呈现先上升到最优后缓慢下降态势、兵团文化产业需求潜力指数在 2016~2019 年呈现波浪式缓慢下降态势、兵团文化产业创新支撑指数在 2016~2019 年呈现缓慢下降态势。尤其是兵团文化产业要素指数在 2018~2019 年出现波动下降、兵团文化产业结构指数在 2018~2019 年出现持续下降、兵团文化产业创新支撑指数在 2019 年出现较大下降。这些都表明，兵团文化产业供给侧结构性改革虽然取得了一定的成效，但是在产业要素水平提升、产业结构优化升级、产业需求潜力促进、产业创新支撑能力完善等方面的成效还较为不足，依然存在较多的问题，需要进一步进行深度分析和挖掘。

五、本章小结

本章在构建兵团文化产业发展水平指标体系的基础上，采集 2010~2019 年兵团文化产业相关的数据，通过熵权 TOPSIS 法对兵团文化产业发展水平指数和各分类指标指数进行了测评。通过测评，得出了兵团文化产业发展水平指数及各分类指标指数的变动趋势和排序变化，并绘制了图和表，对兵团文化产业发展水平指数和各分类指标指数进行系统且形象的分析。根据分析结果，可以看出兵团文化产业发展水平状况以及各分类指标的发展变化情况，并在此基础上，通过对比分析梳理了兵团文化产业供给侧结构性改革取得的成效，初步识别了兵团文化产业供给侧结构性改革存在的部分问题。此外，关于兵团文化产业供给侧结构性改革存在的诸多问题与制约因素，还需要在后文做重点剖析。

第五章　兵团文化产业供给侧结构性改革存在的问题与制约因素

在系统分析兵团文化产业供给侧结构性改革的具体成效的基础上，需要进一步发现兵团文化产业供给侧结构性改革存在的问题，深入剖析兵团文化产业供给侧结构性改革的制约因素。本章在第四章的基础上，采用文本资料分析、实地调研和结构化访谈等方法，对兵团文化产业供给侧结构性改革存在的诸多问题进行系统归纳、整理与分析，从要素配置、市场主体建设、产业结构、体制机制等方面分析具体的制约因素，以找出兵团文化产业供给侧结构性改革的重要突破口和薄弱点。

一、兵团文化产业供给侧结构性改革存在的问题

（一）文化产业规模较小，总体供给水平不足

随着兵团社会经济的跨越式发展，兵团文化产业取得了较好的成绩。兵团文化产业增加值从 2012 年和 2013 年的 10.02 亿元和 12.01 亿元增加到 2015 年的 16.84 亿元；通过深化文化产业供给侧结构性改革，兵团文化产业增加值在 2017

年攀升到 19.6 亿元，在 2019 年更是达到 25.19 亿元。从纵向发展来看，兵团文化产业取得了长足的进步；但是与同时期的新疆和全国相比，兵团文化产业规模相对较小、总体供给水平不足，依然是兵团文化产业供给侧方面面临的首要问题。2019 年，兵团文化产业增加值占兵团生产总值的 0.92%，与《兵团文化产业发展规划（2014—2020）》中提出的兵团文化产业增加值占生产总值比重将达到 5% 以上的指标相去甚远。而 2019 年，新疆文化产业增加值为 258.2 亿元，占地区 GDP 的比重是 2.02%；中国文化及相关产业增加值为 44363 亿元，占 GDP 的比重为 4.5%。由此可见，兵团文化产业在总量规模和 GDP 占比等方面都远低于新疆和全国水平，这已经是困扰兵团文化产业发展的重要问题。而与发达国家相比（美国文化产业增加值在国内生产总值中的占比为 11.3%，韩国文化产业增加值在国内生产总值中的占比为 10% 左右）差距更是巨大。总体来看，兵团文化产业总量规模相对较少，在地区 GDP 和中国文化产业总量的占比中都偏小，起到的作用和影响相对有限，与成为兵团支柱性产业和高质量发展产业的目标相去甚远，还需要在供给侧结构性改革方面进行持续优化，以不断提升总体供给水平。

（二）文化产业区域发展不平衡，产业区域协调发展欠佳

兵团管辖 14 个师市，其中第六师（五家渠市）、第七师（胡杨河市）、第八师（石河子市）、第十一师、第十二师位于北疆的天山北坡经济带，经济和社会文化发展水平位于兵团前列；第四师（可克达拉市）、第五师（双河市）、第九师、第十师（北屯市）位于北疆其他地区，第十三师（新星市）位于东疆；第一师（阿拉尔市）、第二师（铁门关市）、第三师（图木舒克市）、第十四师（昆玉市）位于南疆，经济和社会文化发展水平略滞后于北疆和东疆区域。站在兵团的区域发展视角来看，首先，北疆天山北坡经济带师市、北疆其他地区师市、东疆师市、南疆师市的文化产业发展水平存在较大差异。2018 年，兵团文体娱产业增加值为 14.0218 亿元，从全兵团 14 个师市排位看，第八师（石河子市）的文体娱产业增加值总量位居全兵团第一，文体娱产业增加值为 3.1577 亿元，占兵团文体娱产业增加值的比重是 22.52%；第十四师（昆玉市）的文体娱产业增加值总量居兵团靠后位置，第十四师（昆玉市）的文体娱产业增加值为 0.0222 亿元，占兵团文体娱产业增加值的比重是 0.16%。由此可见，兵团文化产业在各师市之间的发展极不平衡。其次，2020 年兵团统计年鉴和各师市统计年鉴显示，北疆地区师市的人均文体娱消费支出远高于南疆地区师市和东疆地区师市，也高于新疆的人均文体娱消费支出；随着兵团各师市供给侧结构性改革的深入推进，兵团文化产业在各师市之间的发展可能会进一步失衡，进而影响兵团的整体文化产业效益。最后，兵团师市的文化产业发展各自为战，产业集群程度较低，产业结构雷同现象较为严峻，同质化的文化产品和文化工程项目重复建设较为严重，兵团各师市之间难以形成"高效协同"的文化产业链，区域间的产业协同发展能力较弱，兵团文化产业的区域结构性问题较为突出，亟须兵团在文化产业顶层设计层面进行优化调整。

（三）文化产业供给模式较为滞后，供给主体相对单一

得益于与众不同的发展历程，成立 67 年来，兵团文化在凸显"军垦文化、红色文化"的同时，兼具"民族文化与边疆文化"的浓重色彩，并充斥着"兵团精神、胡杨精神、工匠精神"等中华民族优质文化基因，这造就了兵团文化独具特色的文化资源禀赋，已经成为新疆的精神高地和先进文化示范区。同时，兵团"党政军企合一"的体制也具有较强的行政制度优势。在兵团文化产业发展初期阶段，兵团文化产业的供给模式主要为资源驱动和行政驱动模式。在这两种模式的驱动下，兵团文化产业以各级行政机关为主导、以兵团特色文化资源为依托，实现了兵团文化产业的"初步繁荣"，取得了一定的文化产业发展的社会和经济效益。但随着新时代的到来，消费者对文化产品的需求日益呈现多样性的特征，传统的资源驱动和行政驱动的供给模式日益遇到新的挑战，难以满足兵团人民新的文化需求。从资源驱动的供给模式来看，兵团文化资源的有限性与兵团文化产业发展的需求无限性之间存在不可调和的供需矛盾，导致兵团文化产业内生发展动力不足、转型升级较为困难、文化产品供给档次较低、资源依赖性瓶颈较大。从行政驱动的供给模式来看，随着兵团文化产业发展日趋成熟与兵团居民文化需求日趋多样，行政驱动的兵团文化产业供给模式，一方面会造成兵团文化产业的供给主要通过行政手段推动，发展活力较为不足，难以满足日趋多样化的市场需求，文化产品的供需失衡较为严重；另一方面，兵团各级政府出台的扶持和优惠政策存在较多的雷同性和盲目性，导致资源的配置不合理，要素市场扭曲失真。此外，从供给主体来看，兵团文化产业的供给主体以国有企业、兵团文化事业单位为主，而民营单位和个体数量虽多，但规模都较小，难以发挥强有力的作用。相对单一的供给主体导致兵团文化产业中的文化产品同质化现象严重、文化精品匮乏，文化服务质量和意识更是有待提高。整体来看，兵团文化产业的供给模式较为滞后，需要不断向创新驱动和市场驱动的模式迈进；兵团文化产业的供给主体也需要完善结构和加强政策引导，促进供给主体的多元化经营。

（四）文化产业结构不合理，新兴文化业态发展较慢

兵团文化产业整体实力较弱，以经营传统文化业态为主，在公共文化服务、文化旅游业、文化体育市场、歌厅、舞厅、台球厅、健身房等传统的文化产业发展较好，而在出版发行、新闻服务、印刷广告、影视制作等文化产业方面处于起步阶段，产业规模和实力相对较小。随着兵团文化产业供给侧结构性改革的推进，兵团陆续成立了新闻出版集团、电影院线集团、文广传媒集团、演艺集团等大型文化企业集团，在一定程度上刺激了兵团较传统文化业态的快速发展。但从传统文化业态的增加值占比来看，居于兵团文化产业核心层的新闻服务、出版发行、电影电视服务等行业的增加值占比较小；而兵团文化产业的"相关层"与"外围层"行业的增加值占比较大，主要表现在文化用品、相关文化产品的生产和制造等方面。由此可知，即使在传统文化业态方面，兵团文化产业结构依然存在着不够优化的严峻问题。此外，在文化产业发展先进的地区，如广东、浙江、上海、北京等地，数字类、创意类等新兴文化业态在整个文化产业中逐渐处于支配的地位；而在兵团，以信息化、数字化、创意化为核心的软件业、演艺会展业等新兴文化业态正处于萌芽和起步阶段，发展相对滞后，在文化创意和文化内容生产能力等方面，更是与先进地区存在巨大的差距。综上可知，兵团文化产业内部结构方面存在较多的不合理，在发展层次上也存在各种障碍，新兴文化业态更是推进缓慢，亟须在日后的供给侧结构性改革中加大产业内部结构的优化，完善文化业态的多样性。

（五）无效、低端供给过剩，中高端精品供给较匮乏

兵团文化产业在发展进程中，供给错配问题较为严重，已经成为制约兵团文化产业高质量发展的主要因素，这一问题的主要表现就是兵团文化产业产品结构不合理，结构性失衡与结构性过剩同时存在。兵团文化产业结构性过剩问题主要体现为无效、低端供给过剩，这可以从以下两方面得到验证。一方面，2019年兵团全年出版各类报纸6890.66万份、期刊130.37万册、图书239种。从图书、报纸、杂志等的内容供给来看，大多数图书、报纸和杂志的质量不高、同质化现象严重，多为无效供给或低端供给，是供给侧结构性过剩的主要体现。另一方面，兵团文化产业的主要类型为军垦美术工艺产业、军垦文化旅游产业、演艺产业、出版产业等，兵团各师市提供的军垦美术工艺品市场、军垦旅游商品、地方特色特产等大多档次低下、品质低劣、缺乏特色、功能单一，市场竞争能力差，难以满足消费者多元化的需求特征；兵团各师市开发的军垦文化旅游产品，开发方式简单粗暴、深度较浅、内容雷同度高，导致旅游产品缺乏特色，难以反映当地独特的军垦文化印记。此外，兵团文化产业产品结构的结构性失衡问题也较为突出，主要表现是中高端、精品文化产品供给较少，目前的兵团文化产品都比较缺乏创意，能代表兵团各师市的原创性文化产品供给严重不足。综上可知，兵团文化产业产品结构性矛盾较为突出，需要不断优化产品结构，保证文化产品的有效供给，更多需要通过创意提供精品供给，以提升兵团文化产业的供给质量和效率。

（六）文化企业规模小，辐射与创新能力较差

兵团依托现有的资源优势，凭借行政力量的推动，采取市场经济的先进手段

吸纳社会资源，组建了兵团广电传媒、新闻出版、数字电影院线、演艺集团四大文化企业集团，成立了新疆和平之声演艺有限公司、新疆中建文化发展服务有限公司和三五九旅文化创意有限公司等 26 家兵团直属文化企业。截至 2020 年底，兵团现有文化企业法人单位 500 余家，文化及相关产业个体经营户 2900 余家。整体来看，大多数兵团文化企业更多处于初级探索阶段，呈现"散、乱、小"的发展态势；成熟和上规模的现代化大型企业相对较少，大部分企业规模小、实力弱、盈利能力差、管理手段落后、市场活力不足，核心企业和龙头化企业更是少之又少。由于缺少一批具备产业发展规模、能发挥示范作用的龙头型和骨干型文化企业，导致兵团文化企业的辐射带动能力较弱，很难形成较强的产业内部的联动，不能有效形成较好的产业集群优势，在产业集约化发展方面也遇到了较多的困境。此外，兵团文化企业创新管理意识不强，文化企业内部对创新投入的资金不够，兵团及各师市对文化产业的创新制度基本缺失，更没有投资担保和风险投资的保障机制，导致兵团文化企业自主创新能力相对较弱，不能有效将优质文化资源优势转变为创新创意产品优势。

（七）高端复合创新型人才缺乏，人才供给要素待优化

文化产业是高科技和文化相结合的产业，更是一个需要不断创新的新兴产业。文化产业的创新性特征与多产业融合特质，对文化产业人才有较高的要求。一方面需要人才熟悉文化产业发展和运营管理的相关规律，另一方面需要人才会经营管理、懂创新。总的来说，文化产业需要高素质的复合创新型人才的运作。而兵团地处中国西北部，经济发展水平和文化基础设施都远远落后于内地经济发达地区，再加上文化产业资金投入有限、引人理念相对滞后、留人机制不完善，导致兵团文化产业领军人才、高端人才、拔尖人才、青年骨干人才等复合创新型人才严重不足。尤其是文化创意、文化研发、文化数字化、文化营销等人才更是匮乏，促使兵团很难将文化资源优势转化为产业优势和产品竞争优势，品牌化、精品化的兵团优质文化产品更是较少供给。此外，兵团文化产业的人才供给总量多年来增长幅度较小，据兵团统计年鉴资料，2010 年兵团文化产业从业人员数为 5400 人，到 2014 年为 10745 人，在 2017 年达到最高，为 13407 人，2018～2019 年从业人员数又略有下滑。兵团专业文艺团体连续多年仅为 9 个，从业人员连续多年保持在 600～700 人。这些都反映出兵团文化产业人才要素供给水平较低，发展不稳定。目前来看，人才要素的匮乏是兵团文化产业供给侧核心要素的缺乏，从很大程度上限制了兵团文化产业的繁荣发展，已成为兵团文化产业高质量发展和创新驱动发展的关键瓶颈，亟须对文化产业的人才供给要素进行优化配置。

（八）文化产品附加值较小，与其他产业融合程度较低

兵团文化资源丰富，在军垦文化、红色文化、边疆文化、民族融合文化等方面具备较强的资源禀赋，品位高且极具特色，并且在兵团 14 个师市均有大量分布。但是这些卓越的文化资源缺乏有效的整合，开发方式简单粗放、缺乏创意策划、市场宣传开拓不足，导致兵团文化产品产业链相对较短、产品附加值较小。此外，兵团文化资源与其他产业的融合和关联的程度较低，导致兵团文化资源的挖掘开发缺乏系统性、深入性和规模化，具体来讲，主要是指兵团文化产业与信息技术产业、旅游产业、教育产业、金融产业等产业融合度低，缺乏相应活动的联动与协同发展，主要表现为以下几个方面：首先，兵团文化产业与互联网、大数据、云计算、VR 和 AR 等高科技产业融合度较低，由于兵团文化与科技双轮驱动不足，对兵团文化产业的内容创新、模式创新和业态创新产生较大的消极影响，导致兵团文化产业创新创意数量较少、兵团文化企业创新能力较差、兵团文化产品有效供给不足等。其次，兵团文化产业与制造业、农业、旅游、教育、医疗康养等产业的融合程度较低，影响了兵团文化产业的转型升级，也不能为其他产业的转型升级提供足够的助推作用。总体来看，兵团文化产品附加值较小，需要延伸相应产业链，加强与其他产业的融合与管理，以不断优化产品供给结构。

（九）资金供给要素较缺乏，多元融资体系不健全

多年来，兵团经济发展水平相对较低，远远落后于内地发达省份，导致对兵团文化产业的支撑力度较小，促进兵团文化产业不断陷入"资金匮乏"的困境。

从固定资产投资的视角分析，2017 年兵团文体娱固定资产投资为 31.14 亿元（历年最高），2018 年兵团文体娱固定资产投资为 15.45 亿元（降幅 50.4%），2019 年兵团文体娱固定资产投资为 10.81 亿元（降幅 30%），2020 年兵团文体娱固定资产投资为 19.65 亿元（增幅 81.8%），由此可见，兵团文体娱固定资产投资并不稳定，出现了较大的波动，这对本来就弱小的兵团文化产业带来更多的资金缺口。从兵团文化产业发展的资金来源来看，一方面，兵团文化产业中的国有投资占较大的比例，投资主体相对单一，并且投入的资金规模相对较小，不利于兵团文化资源的高效开发和综合利用；另一方面，兵团文化产业的社会融资渠道不顺畅，在吸纳社会资本、民营资本、外企资本和个体资本方面面临着更多的体制机制的制约，导致兵团文化产业投融资渠道过于狭窄，促使很多前景广阔的文化产业项目因资金链断裂而被搁浅、延期竣工等，进一步限制了兵团文化产业的快速繁荣发展。此外，兵团文化产业的融资方式和决策部署受到行政干预的影响较大，并且投融资效果缺乏监督机制，导致兵团文化产业投入与产出不匹配，更影响了资金的使用效率。总体来看，兵团文化产业资金供给要素相对匮乏，多元投融资体系不健全，亟须在资金要素供给质量和投融资机制方面进行优化。

（十）政策引导作用不强，制度性成本较高

兵团文化产业的发展需要一系列相关政策的扶持和鼓励。多年来，兵团围绕文化产业出台的一些政策"一刀切"问题较严重，没有对兵团文化产业的整体供给情况进行系统分析，对各师市之间的区域差异性考虑不充分，缺乏统筹规划，导致出台的很多政策引导性不强，对兵团文化产业的要素配置起不到最佳的引领作用。同时，兵团的文化产业政策支持力度较弱、政策精准度有待提升，在专项政策和配套政策方面更是难以做到有效供给，尤其是文化创意类、文化数字化转型等专项政策。此外，在文化产业领域，兵团对文化事业和文化产业的分开经营管理还不够彻底，兵团文化产业管理体制呈现"工程师"型模式，该模式主要体现的是兵团文化生产和分配由政府直接负责，文化粗放式管理以及文化管

理制度缺位。具体来讲，兵团文化单位政事不分、企事不分、管办不分的现象还较为严重，导致兵团文化产业的运营主要靠行政指令管理，计划经济的色彩较为浓厚；兵团文化机构服务意识不强，机构运作不顺畅，导致为文化企业办事的效率较差，文化企业经营过程中所产生的制度性成本较高，耗费了较多的经济成本和时间成本等。

二、兵团文化产业供给侧结构性改革的制约因素

（一）要素制约：要素配置缺乏效率，支撑体系较薄弱

"产业转型、要素创新、制度改革"是文化产业供给侧结构性改革的基本思路，"要素供给的提升"是文化产业供给侧结构性改革的核心，创新要素供给是新时代中国文化产业供给侧结构性改革的动力引擎。新时代背景下，兵团文化产业供给侧结构性改革更需要创新要素供给，为兵团文化产业的大繁荣大发展提供充分的要素支撑和强有力的动力引擎。仔细剖析兵团文化产业供给侧结构性存在的诸多问题，可以发现，"高端复合创新型人才缺乏，人才供给要素待优化""资金供给要素较缺乏，多元融资体系不健全""文化产业规模较小，总体供给水平不足""文化企业创新能力较差"等问题产生的根源：兵团文化产业的资源配置效率低下，支撑体系较薄弱。由于资源配置效率低下，导致兵团文化产业的人才队伍很难发展壮大、资金投入不稳定、投融资渠道不顺畅、创新投入严重匮乏，不能为兵团文化产业发展提供充足的人才、资金、技术支撑，继而影响了兵团文化产业的总体供给规模和文化企业的自主创新能力。总体来说，要素供给水平低下和配置缺乏效率严重制约了兵团文化产业的高质量发展，亟须进行要素供给的创新和支撑体系的完善。

（二）市场主体建设与供给质量制约：主体地位不突出，供给质量较差

从事文化生产的企业作为文化产业市场的主体，其主体作用能否得到有效发挥是文化产业供给侧结构性改革胜负的关键；推进文化产业供给侧结构性改革的主要目的是解决文化产品供需错配的问题，首先就要增强供给能力，提高文化产品的供给质量。新时代背景下，兵团文化产业供给侧结构性改革需要注重市场主体的建设和培育，也需要不断提供文化产品的供给质量。围绕"文化产业规模较小，总体供给水平不足""无效、低端供给过剩，中高端精品供给较匮乏""文化企业规模小，辐射与创新能力较差"等问题进行深入剖析，可以发现，市场主体地位不突出、文化产品供给质量较差是这些问题产生的根源。由于兵团文化产业市场主体建设不受重视，导致核心企业、龙头企业和骨干企业数量相对较少，受政府行政手段的干预大，市场主体地位不突出，市场经营活力有限，辐射与示范带动作用不强，难以形成较强的产业集群优势。进一步导致兵团文化产品缺乏特色和品牌效应，产品品质参差不齐、同质化严重，精品供给相对稀缺，影响了兵团文化产品的供给质量和总体供给水平。总体来说，市场主体地位不突出与产品供给质量较差严重制约着兵团文化产业的快速健康发展，亟须加强市场主体的培育和文化产品供给质量的提升。

（三）产业结构与产业关联制约：产业结构不优化，产业关联能力差

"供需错配"是文化产业供给侧结构性改革的根本问题，推动供给的结构性调整是进行文化产业供给侧结构性改革的重要组成部分，要从文化产品的供给端着手，调整文化产业供给结构，实现文化产业的合理化和高质量发展；优化结构布局是新时代中国文化产业供给侧结构性改革的重要抓手。新时代背景下，兵团文化产业供给侧结构性改革需要注重产业结构的调整优化，适度关注产业间的融合和联动。围绕"文化产业区域发展不平衡，产业区域协调发展欠佳""文化产业结构不合理，新兴文化业态发展较慢""文化产品附加值较小，与其他产业融合程度较低""无效、低端供给过剩，中高端精品供给较匮乏"等问题进行深入

剖析，可以发现，兵团文化产业结构不优化、产业关联能力差是导致这些问题的主要根源。由于兵团文化产业供给侧结构性矛盾突出，在文化产业的区域结构、内部业态结构和产品结构方面都存在不合理的地方。具体来讲，文化产业区域结构不优化，导致兵团文化产业区域发展不平衡、区域协调发展较差；文化产业业态结构不优化，导致兵团文化产业内部结构不合理、新兴文化业态发展较滞后；文化产品结构不优化，导致"无效、低端供给过剩，中高端精品供给较匮乏"等产品结构失衡与过剩问题并存。此外，由于兵团文化产业关联能力较差，导致兵团文化产业与其他产业的融合程度较低，也造成兵团文化产业链较短，兵团文化产品附加值较小等。总体来看，产业结构不优化与产业关联能力差严重制约着兵团文化产业的转型升级，亟须优化产业结构布局、强化"文化+"、促进产业间的融合和联动。

（四）体制与制度制约：体制机制不健全，产业政策体系不完善

文化产业供给侧结构性改革，需要着力做好"调结构、强主体、保要素、优制度"的文章，健全科学有效的宏观文化管理体制与富有效率的文化生产和服务的微观运行机制是优制度的关键路径，完善体制机制是新时代中国文化产业供给侧结构性改革的重要保障。新时代背景下，兵团文化产业供给侧结构性改革也需要做好体制机制的文章，完善制度和产业政策的顶层设计和逐级部署。通过对"政策引导作用不强，制度性成本较高""多元融资体系不健全""高端复合创新型人才缺乏，人才供给要素待优化""文化产业供给模式较为滞后，供给主体相对单一"等问题进行深入剖析，可以发现，兵团文化产业的体制机制不健全是这些问题产生的根源。由于兵团人才培养和引进机制不完善，导致兵团文化产业人才引进困难、人才流失现象严重，高层次人才更是匮乏；由于兵团财务管理体制落后、投融资机制缺乏创新性，导致兵团文化产业投融资渠道不顺畅、投融资体系不健全、投融资政策支持力度较小、制度性成本较高；由于兵团文化产业管理体制不完善，导致兵团文化产业供给模式缺少市场驱动和创新驱动，过多采用行政驱动和资源驱动；由于产业政策体系不完善，导致兵团文化产业的政策指引作

用不强。总体来说，体制机制不健全和产业政策体系不完善也是兵团文化产业发展较滞后的严重制约因素，亟须进行兵团文化产业的体制机制的优化和产业政策体系的完善。

三、本章小结

本章采用文本资料分析、实地调研和结构化访谈等定性分析与定量分析相结合的方法，系统分析了兵团文化产业供给侧结构性改革进程中存在的主要问题，具体来讲，主要存在以下十个方面的问题：文化产业规模较小、总体供给水平不足，文化产业区域发展不平衡、产业区域协调发展欠佳，文化产业供给模式较为滞后、供给主体相对单一，文化产业结构不合理、新兴文化业态发展较慢，文化企业规模小、辐射与创新能力较差，无效低端供给过剩、中高端精品供给较匮乏，高端复合创新型人才缺乏、人才供给要素有待优化，文化产品附加值较小、与其他产业融合程度较低，资金供给要素较缺乏、多元融资体系不健全，政策引导作用不强、制度性成本较高。围绕主要存在的问题，从要素配置、市场主体建设、产业结构、体制机制等方面进行了制约因素的深入剖析，得出的主要制约因素是要素配置缺乏效率、支撑体系较薄弱（要素配置和支撑体系制约），市场主体地位不突出、产品供给质量较差（市场主体建设与供给质量制约），产业结构不优化、产业关联能力差（产业结构与产业关联制约），体制机制不健全、产业政策体系不完善（体制与制度制约）。通过查找出的问题和制约因素，能够为后续的兵团文化产业供给侧结构改革的路径设计与促进路径实施的对策和建议提供较好的突破口和着眼点。

第六章　兵团文化产业供给侧结构性改革的 SWOT 分析

为解决兵团文化产业供给侧结构性改革进程中存在的问题和破解相应的制约因素，本章通过 SWOT 分析法对兵团文化产业发展与供给侧结构性改革等方面的外部环境与内部资源条件进行了系统分析，得出了兵团文化产业发展的机会、威胁、优势与劣势等，期望为兵团文化产业供给侧结构性改革提供较好的切入点和发力点。

一、兵团文化产业供给侧结构性改革的优势

（一）兵团文化资源基础条件厚实

新疆地处中国的西北，区域面积广阔，和许多国家接壤，这样的地理位置为新疆文化的发展提供了便利的地域条件。此外，古代丝绸之路的兴盛，又促使了新疆作为中国东西文化交流的中枢与汇集之地，各种文化之间相互碰撞、积淀融汇，产生了深厚的文化底蕴。

新疆生产建设兵团是新疆的重要组成部分，兵团文化也是新疆文化的重要组

成部分。在这种环境下形成的兵团文化产业具有丰富的文化资源基础。主要包括以下几点：一是军垦文化资源，包括军垦博物馆、王震将军铜像、三五九旅屯垦纪念馆等人文资源。二是自然生态景观资源，包括北湖公园、世纪公园、西公园、胡林、银沙滩、青格达湖等。三是以石河子为代表的兵团城市所获得的多项荣誉形成的品牌资源。自 2021 年开始，石河子市先后获"联合国人类环境居住改善良好范例奖""中国人居环境奖""全国卫生城市、园林城市""中国优秀旅游城市"等荣誉称号，这些都是兵团以及石河子的巨大无形资产，也是兵团发展文化产业宝贵的创新资源和不可多得的创新优势。四是文化、教育、卫生等资源（包括兵团农垦科学院等科研机构、石河子大学、塔里木大学院校等）。五是工农业观光旅游：石河子国家农业科技园区、桃源农业生态旅游区、天业、伊力特、华春毛纺、天润乳业、十团苗木基地、彩色棉花基地等。这些都是兵团丰富的文化资源，为兵团文化产业的建设与发展奠定了牢固的文化基石，也体现了兵团文化资源的多样性，为兵团文化产业发展与供给侧结构性改革提供了坚实的资源禀赋，是兵团文化产业发展与供给侧结构性改革的重要优势来源之一。

（二）军垦文化是兵团文化之魂，具有较强的独特性

兵团红色文化的发展，可追溯其历史前沿，其 14 个师的前身是中国工农红军和湘赣革命根据地、川陕革命根据地以及陕甘宁边区成长和培养出来的革命部队，他们接受的是革命根据地红色文化的系统教育和熏陶。1949 年，在党中央指示下，王震将军奉命进军新疆，率领 10 万多人的大部队继续发扬"南泥湾精神""三五九旅"精神，拉开了新疆屯垦戍边的伟大历史帷幕，同时也把红色文化带到了天山脚下，在大部队的带动下，把红色文化的种子播向了新疆的天山南北。在兵团建设半个多世纪的历史积淀中，"军民一体"发展模式下，由于守卫边疆历史任务、建设边疆革命使命、一边战斗一边生产的革命性质以及新疆地域的独特性，民族矛盾的复杂性，促进民族团结的现实需要，加之军队文化和新疆多民族不同地域文化碰撞、交融，以军队文化为背景而又有别于军队文化的、融合多民族地域文化的一种有着独特内涵的新文化便应运而生，也就是今天我们所熟知的"军垦文化"。所以，从某种意义上可以说，兵团红色文化蕴含于兵团文化之中，是"军垦文化"创新发展的根基，"军垦文化"是红色文化底蕴再一次的创新发展和科学深化。总之，可以这样说，"军垦文化"是兵团文化之魂，是兵团文化的核心组成部分，在全国范围内都具有较强的独特性，是塑造和提升兵团文化产业发展竞争力的重要源泉，也是兵团文化产业供给侧结构性改革的重要切入点和路径创新的突破点。

（三）兵团文化呈现多样性，并兼顾民族特色

新疆的历史发展是多民族共同创造的结果，在这样的历史背景下，使新疆的文化具有多种文化交叉和融合。新疆的人员构成来源于多个民族，不同的民族都有着自身独特的文化传承。在受到多个民族文化影响和熏陶下，兵团文化越来越多姿多彩，越来越具有民族文化内涵。兵团人来自五湖四海，全国各地各民族的人们怀着建设祖国边疆的美好愿望来到兵团，共同创造了融汇全国各地特色的多地域、多民族、多姿多彩的兵团文化。现在的兵团文化，早已不仅仅是只具有军队系统的单一的军旅文化，而是涵盖了新疆的少数民族文化、山东的齐鲁文化、湖南的湘楚文化、河南的中原文化、四川的蜀文化等丰富多彩的文化形态。同时，作为新疆文化同时也是中华文化重要组成的兵团文化，集红色、军旅、绿洲、中原、边疆、民族和现代文化等众多文化元素于一体，集中体现了兵团文化具有多样和包容的特征。在这样的兵团文化基础下，兵团文化产业形成与发展也具有多元化的特征优势。

文化的范畴相当宽泛，它是宝贵精神财富的特指。由地域、历史、社会结构、周边文化的发展状况和文化传承能力等诸多原因而形成了复杂的文化生态环境，而文化生态环境又是文化产生、发展和演变的必要条件。根据文化生态环境的不同，不同的文化各具特色。新疆地处边陲，是多种文明、文化的交汇地之一，又是多民族聚居的地区，各具特色的民族文化异彩纷呈，在这样的背景下，也产生了独具特色的新疆，如少数民族风俗、工艺品、歌舞艺术、传统装饰图案和建筑艺术等，这些都充分体现了新疆文化的特点。这些独特的历史文化资源也

都是文化产业发展的重要保证和基石。新疆是典型的多民族聚居区，受多民族语言、文字、信仰、风俗习惯等众多因素的影响，兵团红色文化融合了较多民族特色的元素。民族性在兵团红色文化中表现得比较明显。兵团的文艺，无论是小说、诗歌、散文创作还是影视剧作，无论是戏剧演出还是文艺表演，大多具有边塞景致、西域风土人情和少数民族风情。兵团的文化传播媒介，无论是广播、电视还是电影与出版物，大多是少数民族语言文字与汉语言文字并用，这些都使兵团红色文化具有明显的民族性特征，是民族团结与民族融合的重要见证。兵团位于中国文化资源、自然资源极其丰富的新疆，它承载着丰富多样的文化元素，通过融合新技术、新创意、新思想，在传承与创新过程中，展示了兵团文化产业发展的特色与亮点。例如，制作工艺、玉器、根雕、皮艺、布艺、绳结、毡绣和布绣等，这种富有民族与地域文化特色的文化艺术作品既具有新疆民族的特色，也体现了兵团文化产业的特色。兵团文化的多样性特征和兼顾民族特色，成为兵团文化产业供给侧结构性改革较好的资源禀赋，是打造特色兵团文创产品、兵团创意产品的重要源泉。

（四）兵团文化具有较好的红色传承性，地域特征明显

兵团红色文化是兵团人在多年的社会实践中创造的巨大精神财富，也是兵团人在履行党和国家赋予的屯垦戍边政治使命，自觉维护祖国统一、民族团结，巩固西北边陲中创造的独具兵团特色的红色文化。它服从于国家保障边疆安全和维护社会稳定的治疆政治方略，致力于维护民族团结、构建和谐社会、实现国家繁荣富强的政治目标的实现。此外，兵团英雄模范人物、兵团红色文化遗址是兵团红色基因的重要体现，也是兵团面对新疆特殊政治形势的见证，因此兵团红色文化具有明显的政治性。

兵团红色文化是兵团人在屯垦戍边的实践中创造的，是在继承中国历代屯垦戍边精神的基础上，在继承中国共产党领导的人民军队革命精神的基础上，特别是在继承井冈山精神、延安精神、南泥湾精神的基础上发展而来的。兵团红色文化不是无源之水、无本之木，而是在各个优秀的文化上进行继承与发展，形成带

有自身特色的兵团红色文化。因此继承性是兵团红色文化的又一显著特征。

"红色资源是特定革命和建设时期特定地域的物质、人物、文化资源等的总和，具有革命性和地域性的特征。"兵团红色文化是兵团文化特有的标识，是历经兵团军垦几代人在兵团长期融合积淀产生的一种带有强烈地域性的文化资源。兵团红色文化的形成与发展离不开当时当地的自然环境、生活方式、社会习俗、文化形态和历史传统等。因此兵团红色文化带有鲜明的地域性，体现了兵团14个师"屯垦戍边、艰苦奋斗"的兵团精神。

兵团文化的较好的红色传承性、地域特征明显，成为兵团文化产业高质量发展的重要驱动因素，是打造特色兵团文化景区、培育新型文旅经营主体的重要源泉，在发展军垦文旅方面具有独特的竞争优势，是兵团文化产业供给侧结构性改革的重要窗口和关键竞争优势资源。

（五）兵团文化资源保护措施到位，成效显著

文化产业的发展不仅需要丰富的文化资源基础，也需要对文化资源进行保护，才能够长久地发展文化产业。兵团具有丰富的文化资源，文化资源的保护对兵团文化产业的发展也有十分重要的影响。对于兵团的文化资源保护工作，兵团积极推进文化资源保护传承，相关部门也采取了多种有效的措施，并且成效显著。例如，新疆石河子市设立了兵团国家文物局，在兵团遗产的普查、整理、研究等多个方面制定了兵团文化资源整体的科学保护规划，以便于对屯垦文化资源进行科学、全面、系统的保护，进而能够为兵团文化产业的健康发展提供保障。此外，2021年位于新疆的兵团军垦博物馆进行了改陈升级，对原有的陈列面积和管内文物分别进行扩展与增加。同年小李庄顺利地申请了国家重点文物保护单位，成为兵团首个国家重点文物保护单位。根据《兵团日报》的有关资料，兵团住房和城乡建设局制定《兵团历史建筑普查、认定、保护与利用技术指南（试用）》，指定各师市对体现屯、垦、戍三类特色功能的兵团军垦特色历史建筑进行发掘、认定和保护利用，普查、发现的历史建筑有236处。综上，可以看出，兵团采取的这些措施和行动都充分体现了文化资源保护成效显著，兵团文化

资源保护措施相对到位。这为兵团文化产业供给侧结构性改革提供了重要的后勤保障，有利于兵团文化产业在发展进程中不断进行创新、创造与创意生产，成为兵团文化供给侧结构性改革的一个重要优势。

二、兵团文化产业供给侧结构性改革的劣势

（一）兵团文化产业发展观念落后

兵团文化产业发展与建设中没有做好宏观的规划部署与总体布局的科学统筹，各个相关单位存在着各自为政的复杂状况，缺乏对大文化、大产业、大服务的系统综合的思考，同时缺乏对各类资源的深度挖掘利用和优质项目的有效培育。文化产业的有关部门长期以来一直习惯于运用行政管理的方法对文化企业进行管理，这种落后的观念在一定程度上降低了兵团文化产业的积极性和竞争力，没有很好地满足社会主义市场经济体制的需要。

兵团以市场需求为导向的文化产业少之又少，大部分还是以国有事业单位为主体的文化产业，规模有限，难以形成巨大的规模经济，无法构建大产业。兵团具有丰富的文化资源，但是由于资源的分散，难以形成科学规划与开发的整体性。例如，最为典型的石河子市，石河子市不仅有军垦第一团、军垦博物馆、小李庄等红色旅游资源，还拥有南山风景区、驼铃梦坡风景区等自然旅游资源，然而这些资源都分散在各个国有事业单位，这种分散管理、分散开发，导致文化资源的巨大浪费，形不成规模效应，与当今的文化产业发展观念不匹配。当今文化产业朝着集约化方向蓬勃发展，但兵团还不能形成真正有竞争力、集约化的大型文化产业运营者，基本呈现出"小而散"的特征，市场竞争力能力不足，无法形成和发挥品牌优势。

整体来看，兵团文化产业发展观念落后，导致兵团文化产业发展缺乏统筹布

局和系统思维，造成兵团文化产业经营主体竞争能力不强、资源开发能力弱等问题，这已经成为兵团文化产业发展的瓶颈因素，将成为兵团文化产业供给侧结构性改革的较大阻力因素，是兵团文化产业供给侧结构性改革亟须克服的劣势条件。

（二）兵团文化产业的整体实力不强，南北疆师市存在较大差距

兵团文化产业的起步相对较晚，产业的整体实力和全国其他地方的文化产业发展仍存在很大的差距。而且由于当前兵团文化产业基本处于传统文化产业状态，所以整体文化产业发展水平并不高，而且大部分产业门类处于初开发阶段，其中包括新闻服务、广播、电视电影服务等产业由于受众和市场规模的局限性，发展较为缓慢；演艺文娱业仍属于"政府部门扶持、民间自发"的发展状态，市场经济效益还没有显现。综上所述，兵团文化产业的整体实力与我国中东部区域还存在一定的差距。

此外，由于兵团的绿洲经济，兵团的人口居住是一种"大分散，小聚居"的特殊类型。在兵团机关驻地和各师及部分团场，人口一般集中聚居在城镇，因而文化产业的发展与管理较为完善和成熟，基本上形成了全民、集体、私营文化企业统筹开发、彼此竞争的文化运作体制，同时还建立起文化产业门类相对完整的产业雏形。但是，对于某些较为偏远农牧团场或南疆师市，由于交通不便、居住分散、经济发展缓慢，文化产业的发展相对滞后。这集中体现了兵团文化产业发展在南北疆师市存在较大的差异，是导致兵团文化产业发展较缓慢的重要制约因素。总体来讲，兵团文化产业的整体实力较弱，且存在区域发展不均衡的问题，这也是兵团文化产业供给侧结构性改革中的较大劣势之一。

（三）兵团文化产业人才和科技资源薄弱

人才资源既是全球化时期十分重要的战略资源，也是完成从传统的文化资源优势向产业优势、经济优势和竞争优势不断过渡和转化的至关重要的资源。因为文化产业是科学技术与文化发展相结合的产业，集中体现了对先进的科学技术要

求和先进文化发展方向的高度统一，也是一个很需要高素质、高层次人才运作的领域，所以对人才和科技都有较高的要求。

发展文化产业关键是人才，兵团地处西部，在地理位置、薪资待遇和工作环境等方面都不占优势，导致人才流失严重。此外，兵团社会产业发展失衡也导致了不少文化人才的流失。多年来，兵团建设过度注重农业、工业的生产建设，而在文化产业的发展方面关注较少，明显导致整个社会产业发展的不平衡，很多文化人才无法充分发挥其作用，体现其人生价值，并由此造成归属感的不足，造成人才流失。同时，专业化的文化人才的缺乏也是制约兵团文化产业发展的主要原因。在广电、文化、报业、出版系统等文化产业中，经营管理人才多数是非专业性的，不能满足文化产业发展的需要，从而使文化资源、技术设施没有得到充分有效的利用和发挥，不能很好地满足快速发展的文化产业环境和现代化经营管理水平的需要。此外，科学技术是推动文化产业发展的重要因素。然而，科技对兵团文化产业的促进和提升效果不明显，远远适应不了文化产业领域高科技迅速发展和现代化管理工作的要求。因此，人才和科技要素的供给能力薄弱已经成为兵团文化产业发展的瓶颈，是兵团文化产业供给侧结构性改革的障碍因素，也是兵团文化产业供给侧结构性改革亟须解决和提升的劣势资源要素。

（四）兵团文化产业资金投入不够充足

在产业的发展过程中，资金投入一直都是十分重要的因素。文化产业的发展也必须有足够的资金投入，为产业发展提供支持和保障。长期以来，兵团文化产业的发展主要依赖行政计划方式，在投资、生产或者营销各方面都存在着鲜明的计划体制特点。总的来说，对文化产业的投资渠道狭窄，而且多渠道的投资体制还未完全建立。对文化产业的资金投入一般都是来自政府投资或者银行贷款，社会各界的资金投入较少。此外，地方政府部门在对产业进行投资时，投入方向也比较随意，在运作的过程中缺乏必要的监督和保障机制，也使得投入和产出不协调。

就兵团文化产业而言，其产业条块分割、领域壁垒相对较高，且投资主体类型相对单一。文化经营组织的市场化、集约化、总体竞争力不高。由于兵团文化产业和银行等金融机构之间联系和渠道上的沟通途径欠缺，使兵团的文化产业没有得到足够的社会资金的支持与投入。文化产业的发展相对迟缓，无法吸引外资，导致文化产业的投资总量不足，投资渠道相对狭窄，进而影响了文化产业的发展。此外，在现有的管理体制下，兵团文化产业难以从正常渠道获得外部的资金支持。由于资金投入不足，丰富的文化资源得不到充分的开发，文化资源产品转化率低，文化产品市场占有率低，经济效益难以显现。巨大的文化资源还远未充分挖掘其丰富的文化内涵而形成文化产品。因此，在一定程度上，资金投入的不足，制约着兵团文化产业的高质量发展，是兵团文化产业供给侧结构性改革的重要资金瓶颈因素，也是兵团文化产业供给侧结构性改革亟须完善的劣势资本要素。

（五）兵团文化产业发展品牌意识不强，宣传思路较单一

兵团拥有较为丰富的红色文化资源，在局部地区有一定知名度，但是在全国的品牌知名度仍有一定的局限性。其资源的利用与品牌打造能力有待提高，深层次内涵的红色文化较难吸引群众，如红色影视产业、文艺产业新颖性不足，吸引人群较少。虽然拥有丰富的红色资源，但是由于展示手法陈旧、彼此模仿等，不能有效地帮助读者或群众亲身体会革命年代的战争场面、开垦精神、红军野炊等历史场景。且兵团媒介建设比部分沿海、内陆地区薄弱，不能更好地促使兵团红色文化"走出去"。

兵团文化产业在文化宣传思路上较为僵化，选取的宣传方式较为单一。兵团红色文化在全国红色文化中占据特殊地位，但在进行宣传时却没有考虑人们获取信息的习惯，宣传时间多重视节庆等重大节日，宣传方式多为生硬说教，宣传内容较为空洞乏味，不仅没有达到宣传丰富的革命精神和厚重的历史文化内涵的效果，反而会导致人们对兵团红色文化产生逆反心理。网络社会的信息传播存在着传播迅速、内容浅层化的特点，所以一些社会热点、突发新闻和娱乐事件是互联网中最活跃的主题，而红色文化作为拥有历史沉淀感的传统文化受众少。在网络中，除非是特定纪念，兵团红色文化的日常关注度并不高。因此，宣传思路僵

化、宣传方式单一，已经成为兵团文化产业发展与供给侧结构性改革的重要劣势之一，亟须进行较大的改进和完善。

（六）兵团文化网站建设水平不高，传媒基地建设不足

兵团对文化资源的网络传播重视程度较低，旗下的各级兵团师市文化产业发展相关网站的栏目设置较为单一，没有较为突出且明确的宣传宗旨，内容较为单调，难以展现兵团文化丰富时代精神的特色。一些宣传兵团文化的网站、网页设计缺乏整体规划，网站布局及色彩搭配不够协调，网页页面的美观性明显不足，难以激发人们对兵团文化所蕴含的革命精神和光荣传统的兴趣。此外，兵团文化网站信息更新较慢且内容单一，很难引起人们对兵团文化认知的"质变"，从而难以实现宣传兵团文化的目的。

兵团文化产业的发展与兵团文化传媒基地有着密不可分的关系，但如今兵团文化传媒基地投入不够、引导不力。兵团文化传媒基地对于产业内的资本运作和市场规律还不清楚，缺少基本运作经验，作为事业单位，存在文化事业的内部建设和经营不分离、公益事业和经营产业不明晰、投入和产出之间存在脱节的现象，而在资本运营方面也无法充分实践。同时，民营资本和个人资本参与文化传媒基地发展的途径和操作方式不成熟。因此，兵团文化传媒基地建设不健全、文化传播的局限性等劣势，严重制约着兵团文化产业的高质量发展，是兵团文化产业供给侧结构性改革亟须优化的劣势资源条件。

三、兵团文化产业供给侧结构性改革的机会

（一）文化产业政策扶持力度较大

21世纪以来，文化产业的发展受到了国家的大力支持，也得到了国家的高

度重视。党的十九大报告和二十大报告均对促进文化产业发展做出了重要战略部署。近年来，兵团一系列政策措施的颁布，极大地推进了兵团文化产业发展。2012 年 2 月 14 日，《兵团党委关于贯彻〈中共中央关于深化文化体制改革推动社会主义文化大发展大繁荣若干重大问题的决定〉的意见》出台，标志着兵团文化产业发展与建设工作开始启动。2013 年 7 月，《关于加快推进兵团文化产业发展的意见》出台，并在兵团本级每年设立 3000 万元的文化产业发展基金，为兵团文化产业发展提供了保障。2014 年，《兵团文化产业发展规划（2014—2020）》印发实施，指出至 2020 年，兵团文化及相关产业增加值的年均增长速度应明显高于同期兵团经济增长速度。2021 年，《中共新疆生产建设兵团委员会关于贯彻〈中共中央关于深化文化体制改革推动社会主义文化大发展大繁荣若干问题的决定〉的意见》出台。此外，还推出《关于加快推进兵团文化产业发展的意见》，提出优化兵团文化产业发展的环境，进一步增强兵团文化产业的活力，加速发展新兴文化产业，为兵团文化产业发展提供了动力。2014 年，文化部、财政部联合颁布了《关于推动特色文化产业发展的指导意见》和《丝绸之路文化产业战略规划》等，这些政策的出台，集中体现了对文化产业发展的大力支持以及政策扶持的针对性和带动性。整体而言，各层级部门出台的促进文化产业发展的政策，为兵团文化产业的发展壮大与高质量跨越式发展提供了重要的历史机遇，为兵团文化产业发展与供给侧结构性改革带来了较坚实的制度保障。

（二）国家战略的实施和"三化"建设的推动

丝绸之路经济带，贯通我国东西方，连接我国东中西，为中国进一步加强同中亚各国和地中海沿岸非洲各国的交往与联系创造了良好的条件，提供了很大的便利。而新疆不仅是亚欧两大洲之间经济贸易、文化交流的必经之地，也是丝绸之路的重点主干道和重要交通枢纽地带，已经成为我国向西对外开放的关键区域，地缘区位条件得天独厚。同时，新疆也是边疆文化和内地文化融会贯通、相互交流、彼此鉴赏的重要渠道。兵团作为新疆重要的组成部分，借助丝绸之路经济带发展，进一步发挥了兵团独特的地理位置优势，为弘扬兵团文化，发展兵团文化产业，拓展国外文化市场，增进同国外文化的碰撞与交流，为推动兵团文化"走出去"创造了巨大的发展空间。

同时，新疆维吾尔自治区政府陆续制定了"旅游兴疆"战略、"文化润疆"战略，并颁发了一系列文件促进这些战略的实施，这也为促进兵团文化产业的快速发展提供了较大的战略机遇。此外，兵团党委还充实了屯垦戍边文化创新的内容与外延，提出了促进兵团"三化"建设的战略目标。兵团城镇化、新型工业化和农业现代化的"三化"建设的迅速开展，增强了综合实力，提升了人们的生活水平和精神文化生活的需求，从而为兵团文化产业的发展奠定了基础，夯实了兵团文化产业发展与供给侧结构性改革的充分空间与优质土壤。

（三）互联网科技的飞速发展带来了重要的机遇

首先，互联网技术的突飞猛进将促进文化形态向外延扩展。在信息网络化的时代背景下，文化产业与互联网之间逐步进入深层次的融合，使文化产业内涵与外延得以极大丰富，从而一种与以往文化产业链的表现形态不同的崭新的文化产业链将逐步产生。其次，互联网成为人们各类文化消费行为的重要途径，通过文化与互联网的相互结合，激发了人们在互联网下的文化消费意愿，由此产生的需求增长将进一步带动文化产品供给进而推动市场繁荣，对文化产业的整体发展产生了良性驱动。最后，通过互联网能够突破文化产业的发展障碍。主要表现在：一是互联网促进文化产业主动与其他产业融合发展，将文化产业的理念带入其他行业领域；二是互联网促进其他产业进入文化产业领域进行发展，使文化产业得到拓展和延伸；三是互联网推动文化产业内部细分部门之间的融合发展。

同时，大数据、云计算、VR技术、AR技术等互联网科技也促使新媒体方式变得更为多元化，为文化产业的发展创造了新媒介，并且推动了文化产业向纵深方向发展。相对于以往传统的媒介形态，新型媒介形态的产生不但扩大了文化产业与其他产业领域之间有机融合的空间，而且大大提高了文化产品的科技含量。这有利于兵团文化产业的快速健康发展，为兵团文化产业供给侧结构性改革提供了重要的战略机遇与技术支撑。

四、兵团文化产业供给侧结构性改革面临的挑战

文化产业的基础是市场，现代市场经济系统需要开发公正和平等的市场竞争，坚决反对各种类型的地区保护主义和市场贸易垄断，鼓励各种文化产品和市场要素之间的自由流转，以实现对文化资源的优化配置，并扩大文化产业的发展空间。成熟完善的文化市场体制应该分为文化产品市场、文化服务市场、文化要素市场。但由于我国的文化市场还面临着不少问题，如文化产品市场、文化服务市场不成熟，文化资金市场、文化设施市场等方面发展比较落后，这样的现状不但限制了文化产品和服务的正常生产流通，而且影响了我国文化市场、文化产业的正常发展。因此，文化市场体制的不完善，使得文化产业的发展面临着较大的考验与挑战。

此外，由于文化产业机构是以国有事业单位为主体，以市场运营为主导的文化产业公司数量少且规模较小，因此无法形成大规模经济效益。文化单位主要为国营文化事业单位，国家各类财政投入的文化事业支出预算相对较少，其发展缺乏活力和动力，无法向企业化转变和市场化管理发展。因此，文化产业发展的政策环境、市场环境仍有待优化，文化市场体系有待完善，这成为兵团文化产业发展与供给侧结构性改革的重要挑战。

五、基于 SWOT 矩阵的分析结论

根据以上对兵团文化产业供给侧结构性改革的优劣势、面临的机会与威胁分析，可以构建出 SWOT 矩阵表，如表 6-1 所示。综上所述，兵团文化产业供给侧

结构性改革应重点采取 SO 战略，并辅以 WO 战略和 WT 战略，并制定相应的发展对策与建议，以促进兵团文化产业的高质量发展与供给侧结构性改革进程的高效推进。

表 6-1　兵团文化产业供给侧结构性改革的 SWOT 分析矩阵

内部能力　　　　　　外部因素	优势（S） （1）兵团文化资源基础条件厚实 （2）军垦文化是兵团文化之魂，具有较强的独特性 （3）兵团文化呈现多样性，并兼顾民族特色 （4）兵团文化具有较好的红色传承性，地域特征明显 （5）兵团文化资源保护措施到位，成效显著	劣势（W） （1）兵团文化产业发展观念落后 （2）兵团文化产业的整体实力不强，南、北疆师市存在较大差距 （3）兵团文化产业人才和科技资源薄弱 （4）兵团文化产业资金投入不够充足 （5）兵团文化产业发展品牌意识不强，宣传思路较单一 （6）兵团文化网站建设水平不高，传媒基地建设不足
机会（O） （1）文化产业政策扶持力度较大 （2）国家战略的实施和"三化"建设的推动 （3）互联网科技的飞速发展带来了重要的机遇	SO（利用） （1）大力培育多元化市场主体，扶持中小微文化企业发展 （2）鼓励大型龙头企业发展，发挥带头引领辐射作用 （3）扩大有效供给、增强精品供给，不断优化文化产品结构 （4）培育新型文化产业业态，推动文化产业结构优化升级 （5）实施"文化+"工程，深化文化产业与其他产业的融合 （6）创意结合现代科技技术，融合探索"文化+"模式 （7）提高现代科技运用能力，推动文旅产业融合发展	WO（改进） （1）重视复合创新式人才的培养，为产业发展提供人才支撑 （2）构建多元投融资体系，为产业发展提供资金支撑 （3）加强文化科技创新投入，为产业发展提供技术支撑 （4）加强顶层设计与规划，优化文化产业区域结构布局 （5）联合规划整体区域部署，勾勒全域旅游"新蓝图" （6）完善官方红色文化网站建设，搭建红色文化多媒体互动平台
挑战（T） 中国文化产业的市场体制还不完善	ST（监视） （1）深化行政管理体制改革，构建良好的制度环境 （2）深化财政税收制度改革，建立全方位政策扶持体系	WT（消除） （1）大力创建优秀军垦文化品牌，不断提升文化产品供给质量 （2）深化市场经济体系改革，强化市场机制的主导作用 （3）讲好兵团故事，推进兵团红色文化题材影视创作

第七章　国内外文化产业发展经验及对兵团的借鉴

为解决兵团文化产业供给侧结构性改革进程中存在的问题和破解相应的制约因素，本章主要选取国外文化产业做得比较好的两个国家（美国和日本）和国内文化产业实力领先的两个省份（广东和浙江），通过系统梳理这些国家和省份文化产业发展或供给侧结构性改革路径的先进经验与重要启示，期望为深化兵团文化产业供给侧结构性改革提供较好的改革思路和路径参考模式。

一、国外文化产业发展的经验

（一）美国文化产业发展的经验

在文化产业发展领域，美国是世界强国，在电影制作产业、广播电视产业、图书出版业、软件产业、娱乐产业等文化产业领域里，具有绝对的核心竞争力和市场竞争优势。目前，美国文化产业增加值已占美国 GDP 总量的 25%，成为美国名副其实的支柱性产业；在美国财富价值最高的 400 家公司中有 72 家属于文化产业领域；美国音像业的出口总额已经超过航天工业的出口总额，其创造利润的能力领先于其他行业。美国是一个只有 200 多年历史的国家，其文化历史底蕴不浓厚，文化资源禀赋也不充足，却创造了文化产业的奇迹。深刻挖掘美国文化产业领军全世界的原因，可以发现，美国文化产业的一些做法，如鼓励投资主体多元化、构建多层次融资体系、重视文化产业人才、加强文化和科技融合、坚持市场机制主导等，值得兵团文化产业供给侧结构性改革借鉴和学习。

1. 多元化的投融资体系

美国创造的文化产业发展奇迹，和其多元化的投融资体系密切相关。首先，美国鼓励投资主体多元化，其投资主体主要包括以下几种类型：第一，政府设立"国家艺术基金会"，对美国部分非营利文化组织开展文化建设工作；第二，企业基金会是美国文化产业资金来源的重要主体之一，如运通基金会、大通银行基金会等企业基金会，成为推动美国文化产业的关键力量；第三，大财团的资金注入，如摩根银行、洛克菲勒财团等知名财团都与美国文化产业有着紧密的联系，在美国，财团资金投入是文化产业资金来源的主渠道。其次，美国拓宽了融资渠道，美国鼓励文化企业采用私募基金、分配股权、发行文化产业创新基金、发行债券、风险资金投资、天使投资等多种融资方式吸纳资金。最后，国外资本也是美国文化产业投融资体系的重要组成部分，美国政府通过政策优惠吸引国外资本有序进入美国文化产品市场领域。

2. 重视文化产业人才的引进与培养

美国的文化产业能够在全世界占据领先的位置，与美国重视文化产业人才的引进与培养息息相关。首先，美国政府利用其世界头号经济和科技强国的优势，从全球范围内引进和吸纳各类优秀文化人才，如美国大型电影公司好莱坞，通过富有吸引力的人才政策，从全球各地引进最优秀的演员、知名电影导演、音乐制作人等，为美国文化产业提供了大量的经典影视作品。其次，美国在全国 40 多家高校开设文化管理专业，大部分高校会开设游戏技术、动画制作、3D 技术、文化产业管理学、传媒学等文化管理与制作类课程，这为美国文化产业培养了一批又一批的文化产业人才，如文化经营管理人才、文化艺术创作人才、文化技术研发人才等。这些举措为美国文化产业供给侧结构性改革和文化产业发展提供了坚实的人力资本。

3. 加强文化和科技融合

美国文化产业的快速崛起与其文化产业和高科技之间的融合有较强的关联。首先，美国文化产业注重与高科技的融合，将高新技术广泛应用于文化产业领域，如网络传输、大数据、数字化、3D 技术等高新技术在大众传播媒介方面的应用，这为美国文化产业的内容制作、展示形式和创作方式带来了巨大的转变。其次，在出版业，亚马逊公司采用网络信息技术，增强了平台的交互能力，实现了人机互动，丰富了图书的全方位展示，改变了世界的出版产业经济学，这都是文化产业中的出版业和高新技术的融合渗透的显著成果。最后，在演艺业和娱乐业领域，文化产业与科技的融合更是应用广泛，如美国好莱坞公司运用 3D 高科技，将表演艺术和高新技术完美融合，创造了电影《阿凡达》，谱写了全球票房的神话，再如动画片《功夫熊猫》，更是中国元素与高科技的完美结合，丰富了艺术想象，更提高了文化精品的创新能力。

4. 坚持市场机制主导

美国文化产业的跨越式发展与其坚持市场机制主导有很大的关系。首先，从文化产业发展模式来看，美国是全球比较有代表性的市场主导型国家，政府并没有专有的部门对文化产业进行管理，更多的是靠市场机制这只"看不见的手"，在美国文化产业领域发挥最大的资源优化配置作用。其次，美国文化产业中的市场主体注重顾客需求的调查和挖掘，能够坚决贯彻"现代营销观念"，围绕不同层次的顾客需求开发一系列文化产品，文化产业供给端的无效供给相对较少。最后，市场机制是调节美国文化产业发展的黄金标准，美国文化企业主要通过价格机制对全球范围内的各类文化资源进行有效配置。例如，为了提高市场占有率和降低成本，美国文化企业不仅在全世界范围内吸纳高水平文化产业人才，还注重采用最新的高新技术和发明专利。经典经济学理论和美国文化产业实践都表明，市场机制能优化配置文化产业各类资源要素，继而推动文化产业的转型升级。

（二）日本文化产业发展的经验

在文化产业发展领域，日本也是世界公认的强国，在动漫产业、服饰文化产业、饮食文化产业等具有较强的市场竞争优势，占据强有力的市场地位。日本文化产业增加值仅次于日本制造业，在日本支柱性产业居于第二名的位置，影响力与日俱增。日本是一个文化资源禀赋较差甚至可以说匮乏的岛国，但是其文化产业却在世界范围内处于领先的位置，这值得兵团借鉴和学习。通过系统分析和挖掘日本文化产业发展的奇迹，可以发现，成功的背后离不开其在文化产业供给侧结构性改革方面所采取的举措：完善的文化产业管理体制、注重产品产业链各个环节的创新、注重文化品牌的塑造和宣传。这些举措促进了日本文化产业的快速健康发展，能够给兵团文化产业供给侧结构性改革带来一定的启示和借鉴。

1. 完善的文化产业管理体制

日本文化产业发展的迅速崛起离不开其完善的文化产业管理体制的重要作用。日本的文化产业管理体制主要包括"文化立国"战略、"产学官"协作模式和"立法保护"机制。首先，日本出台《新文化立国：关于振兴文化的几个重要策略》《21世纪文化立国方案》等政策文件，标志着日本将文化产业定位到国家战略的高度，这为日本文化产业的发展规划和实施提供了重要的制度保证。其次，日本采用"产学官"协作的模式，一方面注重壮大和发展日本文化企业，促进高等院校和科学机构的文化相关的科研成果转化，另一方面更注重发挥政府在出台政策、配置资源、促进产学官协作的主导作用。最后，日本政府通过出台《文化产业振兴基本法》《知识产权基本法》《内容产业促进法》等，注重通过法制化的方式促进日本文化产业的健康发展和日本文化产业结构的优化升级。

2. 注重产品产业链各个环节的创新

文化产业领域，"内容为王、产品制胜"是不变的黄金法则。日本文化产业之所以在全球处于领先位置，与其将创新思维运用到文化产品产业链的各个环节有着较强的联系。首先，日本文化核心产品主要通过原始创新进行开发与设计，在日本文化产业发展进程中，原创核心文化产品处于日本文化产品产业链的核心位置，起到"领头雁"的作用，是创造新价值的主要源泉。例如，日本动漫产业将原始创新的思维方式运用到动漫形象的创作中，注重动漫形象的精雕细琢与故事情节的有序演绎，将每一部原创的动漫作品作为其他衍生产品的"宣传片"。其次，日本文化形式产品主要通过发散创新进行开发与设计，一般来讲，是在核心产品形象的基础上，通过发散思维进行新形式新创意的再创造，如日本动漫产业沿着"漫画—动画—游戏"的链条进行形式产品的开发就是发散创新的典型例子。最后，日本文化周边产品主要通过关联创新进行开发与设计，一般来讲，是在核心产品原创内容的基础上通过关联思维模式，进行核心文化产品的周边产品的再开发再创造，如原创动漫形象通过关联创新开发的周边授权产品，已成为日本动漫产业的主要利润来源。

3. 注重文化品牌的塑造和宣传

日本文化产业提供的文化产品之所以能够在全球享有盛誉，与其注重文化品牌的塑造和宣传有较大的关系。首先，日本政府通过"总理大臣授奖"的方式，鼓励文化企业注重文化资源的传承和开发，引导日本文化企业在文化产品的创造中多使用日本的历史文化故事和民族文化元素，不断创造出优质的文化精品。其次，日本凭借举办日本国际创意产业节、日中韩文化产业论坛、亚洲创意产业商务峰会等大型国际会议的契机，不断大力宣传其文化产品，这提升了日本文化产品在海外市场的知名度和知晓度。再次，日本政府在国内每年定期举办"东京国际电影节""东京国际动漫节""东京电玩展"等大型文化宣传活动，全方位展示其拳头文化产品，如动漫、游戏、卡通产品、原创音乐等。最后，日本政府通过设立"国际漫画奖"等奖项，鼓励海外人士宣传日本文化产品，展示"日本文化魅力"，不断塑造出一批又一批的国内外知名的日本强势文化品牌。

4. 开发传统文化资源与工业文化资源，打造多元化文旅项目

对传统祭文化的开发利用是日本文化旅游的一大特色，日本文化主题祭活动十分丰富，形成了独特的日本祭文化游。春季是众所周知的樱花祭，各地以樱花为主题的祭隆重举办，吃、住、行、游、购的一系列消费不仅给旅游业带来了勃

勃生机，还带动了其他相关产业的发展。每年9月中旬各地纷纷举办红叶祭活动，冬春之交的梅花祭也十分有名，如京都北野天满宫的梅花祭。这些祭不仅有赏花，还有文艺表演、俳句展示和投稿等文化活动，吸引了大批海内外游客。此外，日本是亚洲第一个实现工业化的国家，善于利用丰富的工业文化资源，开发工业文化旅游，通过建设相关历史文化博物馆、开发场景体验线路等方式走入人们的视野。例如，札幌市的白色恋人工业游项目——白色恋人公园、东京大田区的日本航空公司航空博物馆、爱知县的丰田产业技术纪念馆、朝日啤酒工厂等，都推出了旅游项目，受到海内外游客们的欢迎。

二、国内文化产业供给侧结构性改革路径的先进经验

（一）广东文化产业供给侧结构性改革路径的先进经验

在国内文化产业领域，广东的文化产业占据领先的位置。在文化产业增加值方面，广东连续18年居全国之首，广东的文化产业法人单位数量和文化产业从业人员数都居于全国第一位。中央财经大学文化经济研究院、北京文投大数据有限公司、新华网联合编制的"中国文化产业高质量发展指数（2020）"显示，在省份排名中，广东仅次于北京，处于第二的位置，与北京的差距较小。此外，北京大学文化产业研究院学术支持、新华网、北京九州一方文化创意院联合发布的"2019年中国城市文化创意指数排行榜"显示，城市十强榜单中，广东占据三席，分别是广州、深圳和东莞。由此可见，广东在国内文化产业领域独占鳌头，值得兵团学习和借鉴。通过深度分析和挖掘广东成功的秘密，发现离不开其文化产业供给侧结构性改革的举措。如加强顶层设计、文化产业规划科学合理，深化文化和科技融合、大力发展文化创意产业，推进"文化+"，促进文化产业的跨界融合。这些举措促进了广东文化产业的大繁荣大发展，为兵团文化产业的

发展思路和供给侧结构性改革的路线提供较好的参考和借鉴。

1. 加强顶层设计，文化产业规划科学合理

文化产业是朝阳产业和绿色产业，更是区域经济高质量发展的重要组成部分。广东文化产业的领先位置，离不开其顶层设计和科学合理的产业规划。在文化产业领域，广东先后出台《广东省关于加快文化产业发展的若干政策意见》《广东省加快推进文化和旅游融合发展三年行动计划（2020—2022年）》《广东省"十三五"时期文化改革发展规划纲要》《广东省电影发展规划（2015—2020年）》等强有力的扶持政策和行动方针，提升了广东文化产品的供给质量和效率，形成了较多的精品供给、创意供给、有效供给。同时，紧跟国家"粤港澳大湾区"战略，出台《广东省推进"粤港澳大湾区文化圈"建设三年行动计划（2019—2021年）》，促进了广东文化产业的外向型发展；此外，出台《广东省促进文化和科技深度融合实施方案（2021—2025年）》，全力支持广东数字文化产业的高质量发展。由此可见，这些政策意见、行动计划和实施方案就是一项项富有全局性与前瞻性的顶层设计，为广东文化产业的供给侧结构性改革和高质量发展指明了前进的方向和行动的纲领。

2. 深化文化和科技融合，大力发展新兴文化业态

数字赋能时代，为广东深化文化产业和高新科技的融合提供了新的契机。首先，广东大力实施文化产业数字化战略，推动文化产业与高科技的融合渗透，形成了数字创意、在线娱乐、电子竞技、在线试听等新兴文化业态，成为广东文化产业供给侧结构性改革的新引擎。其次，广东大力构建文化科技创新体系，拥有800多家文化高科技公司，其中广州励丰公司等5家企业获评国家文化和科技融合示范基地，形成了一定数量和规模的文化数字产业集群，在5G、人工智能、云计算、VR与文化产业融合方面取得了关键性技术的突破。最后，围绕优势文化产业，广东从产业链管理的视角将头部文化企业与上下游产业节点企业进行整合创新，注重提升文化制造业的科技创新能力，已经拥有300多家文化产业园区，形成了一批具有岭南特色的文化产业集群，数字出版、动漫、游戏等新兴文化业态产值居全国之首。

3. 推进"文化+"，促进文化产业的跨界融合

广东全面实施"文化+"战略，为其文化产业的发展提供了强大的推动力，提升了其文化产业供给侧结构性改革的成效。首先，大力推进"文化+旅游"，创建了两批 14 个广东省文化旅游融合发展示范区，打造了 64 条岭南文化和红色文化旅游线路，建立了 99 个文化和旅游特色村，促进了广东文化和旅游产业效益的双丰收。其次，创新"文化+金融"模式，组建了广东新媒体产业基金、广东南方媒体融合发展投资基金和全媒体文化产业基金，其基金规模均超过 100 亿元，这为广东文化产业供给侧结构性改革和转型升级注入了强大的资金支持。最后，鼓励企业实施"文化+科技+旅游"三方融合新模式，如长隆集团有限公司打造的"文化科技主题乐园"，借助高科技演艺中国故事，吸引了大批游客的涌入；华强方特文化科技集团采用该模式，建造了 20 多个主题乐园，游客访问量居于同行业全球第五位。

4. 充分挖掘文化资源，增强文化精品供给

在推进文化产业供给侧结构性改革中，广东善于整合文化资源，通过品牌营销和高科技技术，促进了文化产品的精品化发展。首先，广东文化以岭南文化（客家文化、雷州文化、潮汕文化、粤剧等）和红色文化（孙中山、黄埔军校旧址等）为主体，资源禀赋相对较高，可供挖掘的特色文化元素较多，这为广东文化产业发展提供了原动力。其次，广东注重"内容为王、创意制胜"的发展理念，实施文艺精品工程，围绕顾客多样化、分众化、多层次的需求，开发有针对性的文化产品，提升了文化产品的有效供给，如岭南美术、广东音乐、《岭南文库》、《岭南文化辞典》、4K 全景声粤剧电影《白蛇传·情》等。最后，广东善于利用"文化+科技+创意"的融合新模式，打造了 150 多个文化创意园区，为促进文化产品的精品供给和优质供给打下了坚实的基础。

（二）浙江文化产业供给侧结构性改革路径的先进经验

在国内文化产业领域，浙江和北京、广东都属于第一梯队，处于领先的位置。中国人民大学文化科技园、中国人民大学文化产业研究院联合发布的"2020

中国文化产业系列指数"显示，在文化产业综合指数方面，浙江在全国居于第二位，仅次于北京，高于广东；在文化产业投资吸引力指数方面，在全国居于第三位。"2019年中国城市文化创意指数排行榜"显示，杭州居于全国第五位，仅次于北京、上海、广州和深圳。2020年，在疫情严峻的形势下，杭州通过打造数字文化产业，其文化产业增加值达到2285亿元，真正实现了"乘风破浪"。追溯历史，浙江文化产业"由小到大、从弱到强"也就历经了10余年的时间，目前来看，浙江在国内文化产业领域处于前三的位置，值得兵团学习和借鉴。通过深度分析和挖掘浙江成功的经验，发现离不开其文化产业供给侧结构性改革的举措，这些举措促进了浙江文化产业的高质量发展，也能够为兵团文化产业的发展思路和供给侧结构性改革的路径选择提供较好的参考和借鉴。

1. 完善的产业政策体系

在供给侧结构性改革的大背景下，浙江以深化文化产业供给侧结构性改革为主线，大力发展文化产业，2017年《浙江省政府工作报告》明确提出，将文化产业列入浙江省重点发展的"八大万亿产业"，这推动了浙江文化产业的高质量发展。"十三五"时期以来，浙江不断完善文化产业的政策体系，陆续出台了《浙江省文化建设"四个一批"规划》《浙江省文化产业发展"十三五"规划》等专项规划和《关于进一步加快发展文化产业的若干意见》《关于坚持先进文化前进方向，推动国有文化企业做强做优做大的意见》《关于进一步推动浙江省文化产业加快发展的实施意见》《浙江省深化文化体制改革实施方案》《关于扶持我省影视产业和影视创作的政策意见》等一系列实施方案或行动方针，从资金支持、税收优惠、土地供给、金融政策、人才支撑等方面为浙江文化产业发展和供给侧结构性改革提供了完善的政策保障体系，推动了"文化浙江"的又快又好发展。

2. 不断深化文化产业管理体制机制改革

在供给侧结构性改革的战略布局下，浙江逐步推进文化产业管理体制机制方面的改革，这是一个促进文化产业发展的关键环节。首先，对与文化相关的政府部门的功能重新做了界定，由"办文化"向"管文化"转变，优化管办分离机制，完善了国有文化资产的监督管理体制，提升了国有文化资产的运营效率。其次，浙江推动"放管服"改革，简政放权、优化审批管理流程，推动"互联网+文化政务"服务，提升了政府服务文化产业的工作效能，同时不断健全了主流媒体管理、信息化领导、互联网安全等管理机制。最后，逐步深化文化产业管理微观层面的体制机制改革，一方面，不断完善公益性文化事业单位的人才使用、绩效分配、社会保障等内部机制，促进文化事业单位服务水平的提升；另一方面，不断优化经营性文化单位的公司治理模式，鼓励文化企业打破"行业、区域和所有制"的界限，进行兼并重组，促进投资主体的多元化。总体来讲，浙江省通过深化文化体制机制改革，政府职能与效率得到较大程度的提升，文化产业治理能力得到一定程度的增强，为浙江文化产业发展提供了较好的营商环境。

3. 大力培育和壮大市场主体

浙江文化产业的崛起与加强市场主体的培育密切相关。首先，浙江鼓励国有文化企业推进公司制或股份制改革，大型国有文化企业的实力和规模得到显著增强，如浙报集团、浙江广电集团、浙江出版联合集团，营业收入或净资产均超过百亿元；其次，扶持民营企业做大做强，已经拥有一大批在全国范围内均具有较强竞争优势的民营文化龙头企业，如宋城演艺、华谊兄弟、华数传媒、长城影视、中南卡通等，并且有82家民营文化企业在新三板进行上市融资，进一步增强了浙江文化产业的发展实力；最后，大力发展中小微文化企业，全省拥有各类中小微文化企业和经营文化业务的个体户达到10万家，成为推动浙江省文化产业快速发展的重要力量，是许多文化创意和文化科技创新的摇篮，更是浙江300多个义化产业园的主要组成部分。总体来讲，浙江文化产业已经形成"国有文化企业集团+民营文化龙头或骨干企业+中小微文化企业"的良性发展格局，市场经营主体的地位与营业收入与日俱增，共同推动了浙江文化产业的高质量发展。

4. 不断提升文化产业要素供给水平

浙江文化产业的快速发展离不开文化产业资源要素的强有力支撑。在浙江文化产业供给侧结构性改革中，注重文化产业资源要素的力量，不断进行了文化产业要素供给水平的提升。首先，出台了《浙江省文化产业人才发展规划（2017—2022 年）》，重点围绕影视产业人才、传媒产业人才、出版产业人才、数字内容产业人才、设计产业人才等领域进行人才的培养和引进，并通过"人才培育计划""人才引进计划""人才激励计划""人才服务计划"，全方位为浙江文化产业提供充足的多层次人才支撑体系。其次，进行投融资方面的创新，鼓励组建东方星空、杭州文投等大规模文化产业基金，同时，在浙江省知名的文化强市，如杭州、温州、宁波等设立了12家专业化的文化银行。通过这些措施，为浙江文化产业发展和供给侧结构性改革提供坚实的资金支撑。最后，通过"文化+科技"，不断加大科技创新方面的投入，加大VR、AR、3D打印、大数据、云计算等前沿技术的使用，不断完善文化科技创新体系，继而推动浙江文化产业区域科技创新能力的增强。

三、国内外文化产业发展经验对兵团的启示

通过分析世界文化产业发展较好的两个国家（美国和日本）文化产业的经验，可以看出国外的经验能够为兵团文化产业供给侧结构性改革路径的设计和路径实施提供较好的经验借鉴与重要启示。具体来讲，美国的经验包括多元化的投融资体系、重视文化产业人才的引进与培养、加强文化和科技融合、坚持市场机制主导四个方面。美国的这些先进经验能够为兵团文化产业在健全投融资体系、构建人才支撑体系、深化文化和科技的融合、发挥市场机制的决定性作用等方面的供给侧结构性改革提供充分的参考依据和决策支持。日本的先进包括四个方面：完善的文化产业管理体制；注重产品产业链各个环节的创新；注重文化品牌的塑造和宣传；开发传统文化资源与工业文化资源，打造多元化文旅项目。日本的这些先进经验能为兵团文化产业在深化文化管理体制机制、文化产品创新与产业链管理、优质文化产品供给和品牌文化产品供给、打造文旅融合项目等方面的供给侧结构性改革提供较好的借鉴和重要启示。

通过分析中国文化产业发展处于领先的两个省份（广东和浙江）文化产业

供给侧结构性改革路径的先进经验，可以看出国内的先进经验能够为兵团文化产业供给侧结构性改革路径的设计和路径实施提供较好的经验借鉴与参考依据。具体来讲，广东文化产业供给侧结构性改革路径的先进经验包括四个方面：加强顶层设计，文化产业规划科学合理；深化文化和科技融合，大力发展新兴文化业态；推进"文化+"，促进文化产业的跨界融合；充分挖掘文化资源，增强文化精品供给。广东的这些先进经验能够为兵团文化产业在制定文化产业中长期规划、出台文化供给侧结构性改革行动方案、深化文化产业与其他产业融合、实施"文化+"战略、培育新兴文化业态、推动文化产品提质增效等方面的供给侧结构性改革提供充分的参考依据和决策支持。浙江文化产业供给侧结构性改革路径的先进经验包括完善的产业政策体系、不断深化文化产业管理体制机制改革、大力培育和壮大市场主体、不断提升文化产业要素供给水平四个方面。浙江的这些先进经验能为兵团文化产业在构筑产业政策体系、深化文化管理体制机制、强化市场主体地位、创新文化产业要素供给水平等方面的供给侧结构性改革提供较好的参考借鉴和重要启示。

综上可知，兵团需要不断吸纳国内外文化产业发展的经验，为兵团文化产业供给侧结构性改革存在问题的解决和制约因素的破解提供新思路、新指引、新参考，从而达到较好地设计出合理的文化产业供给侧结构性改革路径和提出促进路径实施对策的目的，最终促进兵团文化产业的大繁荣大发展，逐步实现高质量发展的最终目标。

第八章　国内外文化产业发展的模式及对兵团的启示

　　为解决兵团文化产业供给侧结构性改革进程中存在的问题和破解相应的制约因素，本章主要选取国外文化产业发展最具特色的4种模式（美国模式、日韩模式、英国模式、加拿大模式）和国内文化产业发展模式较先进的4个省份（北京、上海、广东、云南），通过系统梳理这些国家或省份文化产业发展模式的先进经验和重要启示，期望为深化兵团文化产业供给侧结构性改革提供较好的改革思路和发展模式参考。

一、国外文化产业发展的先进模式

（一）市场主导下的"科学技术推动型"美国模式

　　到目前为止，美国依然是文化强国，数据显示，美国文化产业产值，占据GDP总量的25%，成为美国经济发展的中流砥柱。在发展文化产业的过程中，美国政府善于挖掘文化产品的衍生品。作为多元化的国家，其文化强国地位是由多方面因素决定的。首先，美国是全球最大的电子媒介和娱乐市场之一，覆盖影视、音乐和游戏等众多子领域；伴随着这些领域的发展，文创艺术产业和相关产业崛起。其次，美国媒体行业也跻身于世界前列。根据发行量进行排名，华尔街日报、纽约时报、今日美国是美国最受欢迎的三大媒体。这些媒体机构已经建成成熟的报道网络系统，在全球范围内都有很高的影响力，并随着数字化技术的日益成熟，不断引进应用程序和小程序等，在数字媒体方面也取得长足的进步。最后，美国的旅游业非常发达，在国际旅游业市场规模中位列第二。景点、娱乐项目以及社会环境独具特色且具有较强的吸引力，是美国旅游业发达的主要原因。例如，东海岸的尼亚加拉瀑布、西海岸的黄石国家公园、富有国际盛名的城市旧金山等，到这里旅行可以感受独特的美国环境，吸引了来自全球各地的游客前来探索本国的历史、文化和自然风光。

美国能在全球文化产业上独占鳌头，主要依托于本国文化产业的先进发展模式。美国形成了市场主导型的文化发展模式，这种模式具有"无为而治"的特点，类似于"零管制"，是一种介于新古典经济学和政府主导之间的模式。"无为"并不是代表政府什么都不需要做，而是尽量去减少对文化产业的干预，政府通过宏观调控的方式打造一个自由竞争的环境，并为其提供法律和政策上的支持。虽然政府对美国文化产业的直接介入较少，但并不寓意着美国政府撒手不管，任由市场规律对文化产业发展进行摆布。此外，政府对文化产业资金扶持力度较小，除非文化产业联系到本国安全、社会公益或者市场力量无法支持产业正常运行方面上来，美国联邦政府不会对其提供财政资金支持，在很大程度上减少了财政支出。

美国把文化产业同其他产业一样平等对待，把它看作一种有形的产品或者服务，最终目的都是使消费者满意，而政府只需要遵循市场规律，制定有利于文化产业发展的政策。尽管在资金投入方面政府不会给予过多的支持，但在知识产权保护方面长期都是政府工作的要点。在美国，文化和产权被视为等同概念，因为文化也属于一种产品或服务，理所应当受到保护。自新中国成立以来，美国就颁布了一系列法律对版权进行保护，其中1976年颁布的《版权法案》和后续对其进行的修正一并构成了今日的版权保护体系。这些法律法规的颁布和实施为文化产业发展提供了公平竞争的平台，加强了美国对创新和创意的保护，这也是美国从世界各地吸引优秀文化创新人才的重要原因，为美国文化产业发展输送原动力。也正因如此，在文创产品方面美国表现得非常突出。

此外，虽然美国的建国历史较短，但该国的文化产业发展经常结合其他国家的文化元素进行创作；同时善于将科学技术运用到文化产业当中去，如通信卫星、数字化技术等，使得美国文化产业具备文化融合和对外输出的能力。众所周知，好莱坞是全球的一座创意工坊，全世界影院的票房几乎一半以上都来源于此，它的闻名不是因为每年电影的产量，而是对每部电影都加入了制片人自己的理解，绝不是简单的复刻行为。例如，《寻龙传说》《哥斯拉大战金刚》《速度与激情9》都是美国电影的特色，之所以能成为"美国大片"还有一个关键因素就是在电影中运用高尖端技术，这些一并构成美国文化产业的发展模式。正是依赖着这种特殊的发展模式，以自由市场经济为基点的文化产业才能迅速发展，促进美国经济增长，使得美国文化产业在世界上的地位更加牢固。基于美国发展模式的特点，兵团文化产业的发展模式也要善于和新兴科学技术结合起来，与时俱进，从技术方面创新文化产品，实现优良的发展态势。

（二）政策扶持下的"政府主导型"日韩模式

日本和韩国的文化产业的发展模式从管理的层面上讲，是政府主导和推动、法律保障与财政支持的发展模式，其将文化产业提升至战略地位，在政府的统筹下，通过颁布法律法规、实施政策等推动文化产业健康发展，也正因此文化产业在经济上成为了两国优势之一。在两国实施"文化立国"之前，亚洲地区正经历着金融风暴，日韩的经济指数持续处于低迷状态，停滞不前。为了摆脱困境，两国顺应局势踏上了从"经济衰退"到"文化立国"的征程，日本和韩国采取了以文化产业发展为核心内容的改革措施，旨在振兴经济、改变发展方式、推动国家的可持续发展。在这一大背景下，两国政府开始大力推动文化产业的发展，并高度重视文化产业对经济发展的带动作用。

1955 年，日本在政策推进会上，具有里程碑意义的《新文化立国——关于振兴文化的几个重要策略》正式被提出，"文化立国"因此上升至国家发展战略的高度。为加快推进"文化立国"战略的实施，日本政府制定了一系列的决策：第一，联合厚生劳动省、财务省、国土交通省和外务省等部门，召开文化前景战略会议、恳谈会，商谈推进日本文化产业发展的方式，助力向"文化立国"转变。第二，以法律法规为根据指导和振兴文化产业。先后通过了《文化艺术振兴基本法》《知识产权基本法》《内容产业促进法》等法律法规，并实施《关于文化振兴的基本方针》等来推动日本文化产业的发展，促使日本文化产业不断拓展国际市场，提升日本文化产业的国际竞争力与品牌影响力。第三，政府不断拨款，给予资金的大力支持。日本通过直接扶持和间接扶持两种方式，对其文化产业发展进行大力的扶持与资助。直接扶持是日本政府担任投资主体，主要有两种方式：一是政府对文化产业方面的直接支出，如 1997 年日本文化厅的财政预算达到了 828 亿日元，约是 1990 年财政预算支出的 2 倍，尤其是在当时国家经济紧张的形势下，可见日本政府对文化产业的重视程度。二是地方公共团体支出，主要通过成立基金会的形式开展，如由政府和民间团体共同出资建立的"振兴文化艺术基金会"，每年都会筹集到资金用于赞助文化活动的顺利开展。间接扶持是政府制定的一系列减税和补助优惠政策，为文化产业经营主体降低财政负担与享受优惠政策带来较大的政策倾斜，如政府免征出版画税。第四，注重挖掘与开发本国和区域特色。在日本文化市场上，许多文化创意产品都是在还原日本历史的基础上进行创意开发的。此外，素有"动漫王国"之称的日本也善于将他国文化元素与本国文化元素进行融合，以此来吸引国外消费者。现在，日本利用动画、漫画等产业推进日本文化产业的不断发展，带动国内经济的日趋增长。在新冠疫情期间，虽然市场规模受到影响，但日本漫画市场的销售金额居高不下，于 2022 年达到了 6770 亿日元，同比增长了 0.2%。

韩国在文化产业发展模式上与日本有着类似的经历，其发展中最突出的特点就是政府利用宏观调控政策对文化产业进行扶持。需要特别关注的是，韩国与其他国家的宏观经济政策不同。第一，政府成立了隶属于国家的文化振兴部门，凭借跨部门和地区合作，打造合理的文产发展管理体系。例如，韩国于 1994 年成立了文化产业政策局、于 2001 年成立了文化产业振兴院，先后通过了《文化繁荣五年计划》《文化产业推进计划》《韩国文化产业内容振兴政策》等多部法律规定。第二，注重财政和新技术的投入。相较于其他国家，韩国的文化产业起步较晚、前期发展缓慢，在发展过程中亟须政府的大力支持。通过韩国政府雄厚的资金和技术支持，促使"韩流"文化在短时间内迅速渗透到众多亚洲国家和地区，在全球范围内为韩国树立了全球文化产业强国的形象。第三，大力培育创新型人才。通常来说，人才密度造就规模化创新，创新和人才是两个分不开的概念，也是促进文化产业发展的基点。韩国在战略部署上就曾制定方案引进文化产业领域人才，并培养文化内容创造专家和文化产品或服务营销专家，专门为其开设教育课程，利用现有的教育资源不断推进文化产业人才的专业教育。近年来，韩国政府重点培育网络游戏、影视等行业的优秀人才，此外，还创办游戏学院，旨在培养高质量游戏与电竞人才。随着计算机技术的飞速发展，韩国通过互联网与教培机构联合，通过"远程教育"等方式培养文化产业方面的系列人才，向文化产业输送专业化人才。同时，韩国政府部门专门创建文化产业人才数据库，方便对有创意的人才进行财政支持和激励。

日韩在文化产业发展模式的选择是由文化背景和现实条件决定的，既有相似之处，又有不同的地方。相同点有：①将文化立国上升至国家战略高度；②为文化产业发展提供健全的法律法规；③建立人才培养机制；④打造本国特色并对外输送；等等。可以说这些举措为日韩文化在海外"站稳脚跟"并"开花结果"打下了牢固的基础。鉴于日韩在文化产业发展的模式及其特点，在推动兵团文化产业发展进程中，兵团应树立文化是产业发展的根本的信念，在财政和政策上要给予文化产业大力的支持，同时要立足兵团特色文化、军垦文化等优质文化资源进行大胆创新，打造出兵团文化的独特魅力与品牌影响力。

（三）文化底蕴下的"资源驱动型"英国模式

文化资源驱动模式是凭借充分开发当地独特的文化遗产和资源，进而带动当地经济和相关产业发展的一种模式。在这种模式下，通过政府在政策上的扶持，扩大和延伸原有的产业链。在采取该模式发展文化产业的过程中，除了要保证各地拥有丰富的文化资源，还要善于将文化与现实生活结合，以实现文化产业的长期发展。需要指出的是，文化资源驱动模式并不是一个完美的模式，它也面临很多挑战和困难，需要不断地思考和改进。不同地区拥有的文化资源和基础设施存在较大的差异，需要依据自身实际情况制定合适的文化产业发展计划和战略，为地区经济和社会的发展提供可持续的解决方案。文化资源驱动模式在英国、法国以及奥地利等国家极为常见，接下来我们以英国为例进行重点阐述。

英国是欧洲大陆上的一个古老国家，在岁月的长河中留下了很多珍贵的文化遗产以及人文故事，而英国人最擅长的就是将这些转换成当代文化产业发展的源泉，在发展文化产业的过程中也非常重视对文化的保护工作。英国的发展模式与依托于政策和科学技术的美国有着天壤之别，它善于从文化资源本身去考量，打造本国特色文化产业链。在英国，文化往往与创意进行有效衔接，因为他们的开发模式就是基于地域特色的文化遗产开发。例如，对于尼斯湖，大家的第一印象就是有水怪，英国媒体也借助热度大力宣传，每年都会吸引世界各地的游客前来参观。1994 年水怪的传言被证明是伪造的，但是在这以前只要传言不被打破，对尼斯湖和英国都是有巨大好处的，可以说是一例成功的品牌营销案例，而且给予人们的启示也很多，如眼见不一定为实。再如，随着一些制造业搬离英国市区，原来奇特复杂的建筑物被留存下来，吸引了众多艺术创作者的到来。他们以低廉的价格购入这片区域，将自己的想法付诸这些建筑物，经过一番改造后，这里就成为目前英国较为知名的创意产业区。英国对文化创意产业充满无限的热情，这种热情体现在伦敦的 SOHO 区，也呈现于纽卡斯尔的小镇上。无论是制作神夏的影视公司还是小镇二手市场里卖奶酪的摊位，游客们都能感觉到创意对英国文化产业的深远影响。总体来看，英国文化产业发展模式具有以下特点：

第一，法律体系完备。英国政府制定了一系列税收优惠政策，如 2013 年通过实施的"专利盒"政策，促使文化企业利用专利赢得的净收入获得税收减免。此外，英国对具有文化创意的企业提供金额不等的减税优惠。作为文化遗产大国，英国在文化遗产保护上也颁布了《文化遗产法》，旨在保护和保存英国的文化遗产，包括古代建筑、历史街区以及遗址遗迹等。

第二，重视塑造本国品牌文化，善于结合环境进行文化创意。英国将文化创意作为文化产业发展的核心和关键驱动力，强调文化的本土性和独特性，并构建了一套完整的文化创意体系和营商环境。在这种环境的烘托下，文化类企业能够充分挖掘和理解消费者的文化需求，围绕需求进行文化创意产品的开发与创造。此外，英国也充分考虑文化产品的呈现形式和营销策略等，以获得更好的市场表现并注重本土文化品牌的培育与延伸。例如，今天的曼城是英国文化创意的孵化器，城中的美术馆、艺术中心以及乐队让曼城占据着文娱报纸的头条，这为当地文创打造了良好的氛围，推动了当地文化产业的快速发展。

第三，挖掘全民潜能，对外输出创意产品。英国非常鼓励全民参与文化创意的开发，上到国家首相，下到国家公民，都被鼓励参与到文化创新发展的进程中去。同时，英国也不断延伸文化产业链，将本国特色尽可能地传递到全球绝大多数国家和地区，促进文化之间的交流和经济增长。此外，英国政府考虑到文化的差异性可能影响文化产品的销售和市场流通度，为了有效地进行文化产品出口，英国政府事先对可以预料的风险进行研判，并制定出较好的解决方案。

英国文化产业发展模式注重对传统文化资源的有效利用和保护，这能够为兵团带来较多的启示；兵团文化产业发展进程中，要注重挖掘军垦文化资源、红色文化资源，发挥出"兵团精神"的最大作用；同时，兵团应该学习英国的文化产业发展模式，鼓励全民参与发展文化创意，塑造鼓励文化创意的制度体系与营商环境，并不断培育富有影响力的强势兵团文化创意品牌和规模化的文化类企业。

（四）兼容并蓄下的多元化发展加拿大模式

和美国相似，加拿大也是一个由移民组成的联邦制国家，虽然建国时间较短、拥有的文化资源较少，但是不得不承认它是一个多元文化的国家。在文化产业发展模式上，加拿大政府深知不能像英、法等国家那样依托历史文化底蕴实施资源驱动型的模式，但考虑到了移民的多样性带来的文化的差异性与丰富性，多元化发展成为加拿大文化产业发展的主要模式。多元化发展模式具有兼容并蓄、民主和多元化的特点，旨在融合各方所长，谋求可持续性发展。1971 年，加拿大联邦政府把"多元化主义政策"制定为国策后，正式向世界各国敞开了移民的大门，之后这一政策就一直受到国内外学者的追捧，被他们视为多民族国家的稳定器，加拿大顺理成章地成为了世界上首个实施多元化发展模式的国家。1988 年政府颁布了《多种文化法案》，让其多元文化获得官方的正式认可。

追溯历史，加拿大政府也不是没有为统一民族和文化做过尝试，但是英法、白人和原住民之间有着长期的社会冲突，导致这些尝试都慢慢走向了失败，没有达到预期的成效。后来加拿大政府开始反省，逐渐意识到各种文化的价值和多元化文化的重要性。目前，加拿大政府力推价值观多元化，在营造互相尊重的文化氛围方面做得非常出色。当你来到加拿大，你会看到由不同文化、不同价值观、不同语言构成的一个多元化社会。人们并不会因为来自不同的文化、宗教或习惯而产生排斥，而是相互尊重，并且不同民族之间也已经通过多年的共同生活和相互交流沟通，形成了一种独特的多元文化融合，这给其他国家和地区提供了很好的经验和借鉴。

除了上面提到的政策和法律，为了更好地推进文化产业朝着多元化发展，加拿大政府进一步采取了一系列措施。首先，陆续出台多种文化政策和法规，如《文化遗产保护法》《加拿大艺术和文化组织法》等，以鼓励文化创作、艺术表演等活动，以及保护文化遗产和知识产权。其次，加拿大政府不断增强对新兴文化产业的扶持力度。新兴文化产业是异于传统文化产业的，如影视制作、动漫游戏和艺术会展等。数字技术被加拿大政府鼓励运用到文化产业发展中来，以形成新的文化创造力。随着消费者需求的持续变化，加拿大政府致力于将科技与创意融合，构建文化创意产品的新供给和新体验。再次，加拿大政府逐步打造文化产业集群，带动区域文化产业发展。加拿大政府成立文化发展基金会，投资具有影响力的地区和被确定为新时期技术研发的重点，如 VR 和 AR 等沉浸式体验技术。此外，加拿大政府还设立奖励机制，对成就突出的文化创意个人或机构由政府与企业出资进行奖金激励，如以加拿大总督名义设立"总督视觉与传媒艺术奖"。最后，加拿大政府还在本国各个省份举办艺术活动，如宗教节日庆祝等，让不同的文化群体都有向其他群体展现和分享本群体文化魅力的机会，鼓励不同群体积极参与该活动，旨在促进不同文化之间的交流。在对学生的文化教育方面，学校开设相关课程，教授不同文化背景的知识和价值观，培养学生尊重和理解不同文化的意识。这些都共同助力着加拿大建设成为一个多元化文化发展的国家。

兼容并蓄下的多元化发展加拿大模式也能够为兵团的文化产业发展带来诸多的思考和启示。新疆生产建设兵团有维吾尔族、哈萨克族、回族、蒙古族、锡伯族、塔吉克族和满族等37个少数民族，其文化组成错综复杂，多元化发展模式可以促进打破各个民族间的隔阂，增加各民族之间的交流与融合。兵团文化发展不应把所有的资源集中在一个点去发展，俗话说"不能把鸡蛋放在同一个篮子里"，要避免这种现象发生，倡导多元化经营模式，充分利用文化的多样性特征，注重文化与新科技的融合，出台更完善的激励政策，有力地提升兵团文化产业发展的特色化和多样性。

二、国内文化产业发展的先进模式

（一）创意整合型的北京模式

北京实施的是创意整合的文化产业发展模式，这是一种通过整合传统历史文化资源，与政府、高校以及科研院所开展合作，走出的创意整合的特色文化产业发展道路。众所周知，北京是中国的首都，也是中国的政治与历史文化中心，经过岁月的沉淀，形成了独特的文化资源优势。北京拥有著名的一系列历史文化遗产，如故宫博物院、颐和园、天坛等，已经成为北京文化产业发展的重要支撑与核心资源。《北京文化产业白皮书（2022）》中提到北京市文化产业实现增值

3770.2 亿元，比全国高 6.1 个百分点，占据全国第一的位置。

北京文化产业发展如此之迅速，不是简单的因为它是中国的门面，更因为它所采取的创意整合型的文化产业发展模式。北京市政府发布的《北京市文化产业发展规划》中，明确提出了创意整合发展战略。在这个战略的指引下，北京各城区的文化机构、艺术家、企业等都需要通过创意整合、合作共赢，引领北京文化产业发展的不断推进。创意整合涉及各个文化行业，如传统文化、现代文化、数字文化、游戏、动漫、图书、动画等。此外，科技创新助推北京文化产业走向一个新高度。北京通过艺术与科技的结合，使得创新的形式更加简洁明了，充分展现了北京文化产业原创性、技术性和经济性的典型特征。例如，北京数码大厦就不仅仅是一个生产厂家和提供者，也是一个数字文化创意园区。而游戏、动漫、虚拟现实等数字领域都蕴含着创新的精神，因此具有更好的创意整合潜质。在文化产业发展的过程中，北京市政府出台专项政策去鼓励民营企业参与到文化建设中去，并且国家层面兴建了许多文化设施，如中国国家博物馆、中国国家图书馆等，形成了良好的竞争局势。

北京的创意整合的文化产业发展模式主要采取以下举措：第一，持续推进空间格局优化，以文化赋能城市创新与发展，文化产业园区成为北京文化产业集聚发展高地，区域协同不断走向深化。北京坚持科学保护与创新利用并举，推动工业生产空间向文化消费空间转变。例如，城市副中心硬科技产业示范基地、张家湾设计小镇国际设计周永久会址、首钢科幻产业集聚区 3 个老旧厂房改造支撑高精尖产业发展试点项目获得北京市发展改革委批复。中国科幻大会等重大活动以及中国科幻研究中心、腾讯体育、红盾大数据、全民畅读、百盛中国等 110 余家实体已落户首钢北区，整体出租率超过 75%。通过改造利用工业遗产，构建新场景，成为城市文化建设的重要内容。第二，强化文化供给端，促进消费升级。北京以主流价值观引领文化供给创新提质，以扶持和惠民措施夯实文化供需基础。北京市政府通过创作扶持机制与文化惠民体系两端发力，对文化产业发展的保障和激励效能不断增强。文艺创作是文化发展的主旋律，2021 年北京坚持方向引领，创新表达方式，聚焦重大革命、历史与现实题材，创作出一批既叫好又叫座的主旋律文艺精品，如《悬崖之上》《你好，李焕英》等。此外，北京市政府引导扶持精品供给，如在影视行业，起草《关于推动首都广播电视播出机构做强做优的若干措施》，支持新时代背景下首都广播电视播出机构优化升级、融合发展等。不断加大投资那些与百姓生活、学习、工作和娱乐等息息相关的文化娱乐项目，改善人们的精神文化生活，以满足新时代人们的新需求。第三，文化贸易与交流推动世界文明互鉴互通。面对百年未有之大变局，北京作为展示国家形象的首要窗口，主动迈向国际舞台，不断提升文化贸易规模与活力，加强与不同文明间的交流对话，为国家在世界文明互鉴互通的实践中发挥示范引领作用。文化品牌是传播城市形象、彰显大国魅力的窗口。2021 年，以"双奥之城，城市之光"为主题的系列宣传短视频在全球互联网平台正式发布，其汇集了首都人文历史、时尚潮流、冬奥文化等。"双奥之城"品牌的打造，促进了奥运文化与古都文化、京味文化、创新文化的融合发展，为深入开展对外文化交流，讲好中国故事、北京故事，展示大国首都良好形象提供了新契机。

北京文化产业发展模式是创意整合型的发展模式，能够给兵团文化产业发展与建设带来诸多启示。兵团及各师市应充分挖掘并灵活运用好历史文化资源，将自身拥有的宝贵资源转变为发展文化产业的原动力；应针对各类文化资源做好系统梳理工作，通过科技融合、区域协同等举措，打造各师市区域文化特色，展现兵团文化的独特魅力。兵团虽然没有像北京那样发达的文化资源，但可以利用其宝贵的军垦文化资源、西域文化资源等，建设和发展更有特色、更有创意的文化产品与产业。应鼓励兵团文化"走出去"，发挥企业和个人在文化传播中的主体作用，让更多国内外消费者认识兵团文化、了解兵团文化、参观兵团文化。

（二）市场拉动型的上海模式

上海是中国文化产业发展较为成功的核心城市，其历史资源虽没有北京丰富，但其文化发展模式非常成熟。上海采用的是以市场需求为导向的文化产业发展模式，该发展模式以市场需求为基础，凭借文化创意产品或服务为主要抓手，借助市场机制和品牌效应，推动文化产业的发展和繁荣。在上海，随着城市经济和中产阶级的崛起，消费市场对文化创意产品和服务的需求日益增长，中产阶级逐渐成为文化产业消费市场的重要推动力。上海的港口历史可以追溯到唐代，但直到19世纪末才正式向世界开放，此后随着管理和规范的不断完善，港口规模逐渐扩大，成为全球最大、最繁忙的海上港口之一，这也促使上海成为一个中西方文化的汇聚地。例如，充满国际化气息的张江科学城和迪士尼度假区，各园区以不同的文化元素打造各自的文化特色。在上海文化产业发展进程中，上海市政府主要沿着集中力量办大事这条主线，用最小的资源和成本获得最大的经济效益。

上海的市场拉动型文化产业发展模式主要采取以下举措。第一，不断深化资本市场的改革进程。上海市政府加强对文化市场的督查，维护文化市场良好的秩序，不断创造良好的营商环境。上海市场监督管理局在互联网上开展一系列专项整治运动，集中力量对网络刷单、直播虚假宣传等现象进行打击，取得显著效果。同时，上海市注重将金融与文化产业相融合，旨在解决文化企业的融资难、融资贵的问题，助力文化企业渡过难关。例如，上海国有文化金融机构所设立的专项服务系统"文金惠"文创金融专项服务，自2019年以来，该机构开展了多场"文金惠"推介活动和金融融资对接会，与中小企业深入对接，帮助企业获得更多的融资支持，为文化企业经营主体提供更多的资金支持。到2021年为止，"文金惠"已经为650家中小型企业提供了服务，完成放贷和融资担保3.29亿元。这些数字反映出该服务对中小文创企业的支持和助力取得了较好的成效。第二，注重文化产业稳中求进。在政府政策的支持下，上海的电竞和动漫游戏产业逐渐走向全国领先的位置。以电竞为例，在上海举办的电竞赛事、创建的电竞俱乐部数量等在国内都是最多的。上海市政府积极打造多层次电竞赛事，如王者荣耀、英雄联盟、穿越火线、QQ飞车等职业比赛相继在上海举办。2021年，有关报道显示，上海碾压众多一线城市，电竞产业综合排名位列全国第一。在发展电竞和动漫产业的同时，上海市的其他类型的文化产业业态也逐渐取得较好的效果，如图书出版业、电视电影产业等。第三，积极服务党和国家的战略全局，注重区域协作。在中国共产党成立100周年之际，上海文化领域为全国呈现了一系列的结合本地特色、传承红色基因、弘扬传统文化的活动。上海市积极探索文旅融合发展模式，加强长三角地区的交流与合作，提高长三角文化产业的整体竞争力。其中，"长三角文物市场一体化发展"是上海在推进文旅融合方面的一项重要举措。为了进一步推动长三角文物市场一体化发展，上海市文物局、江苏省文物局、浙江省文物局和安徽省文物局密切合作，共同签署了《长三角文物市场一体化规范发展战略合作框架协议》，通过加强合作推进长三角文物市场的规范和一体化。

上海文化产业发展模式是市场拉动型的发展模式，能够给兵团文化产业发展与建设带来诸多借鉴。首先，兵团应逐步完善文化市场机制。在文化产业的发展中，市场化运作思维应该贯穿于整个文化产业链当中。在兵团文化产业发展与供给侧结构性改革进程中，注重发挥市场的作用，通过培育文化企业、扶持文化创意产品和品牌、策划文化传媒活动等方式推动市场的发展，从而促进兵团文化产业的大繁荣大发展。其次，应结合兵团自身的文化特点，充分挖掘和创新文化，打造出凸显兵团地域特色的文化品牌，提高兵团的文化产业影响力。兵团拥有独特的红色文化基因，要推动红色文化的创新传承和创造性发展，使得军垦文化更具有吸引力。再次，坚守"内容为王""科技为辅"。在充分挖掘文化资源的基础上，兵团应大胆利用新兴的科学技术与特色文化资源进行融合，以新的方式展现兵团特色文化，赋予新的时代内涵。最后，兵团文化机构可以与其他地区的文化机构开展交流和合作，推动兵团文化与其他文化的融合。例如，通过"线上+线下"举办方式、联合演出和展览等方式，实现红色文化跨地域的传播和共享。

（三）品牌推动型的广东模式

广东省是中国改革开放的重要窗口和经济特区之一。1978 年，在中国改革开放初期，广东省率先开放经济，实行市场化经济体制，迅速吸引了大量的人才和技术。1980 年，设立了深圳特区。深圳在本质上是一座移民城市，自改革开放以来吸引了大量来自香港、澳门和海外的移民，由于没有过多历史背景的束缚，移民人口也为广东的文化带来了多样性和更多的活力，东西方文化的融合，进一步打开了创新文化市场的良好局面。近年来，广东省注重文化品牌的形象建设和推广，同时政府对文化产业进行引导，打造出了特色发展模式。在文化产业领域，广东省注重创新创意和市场运作相结合，在市场竞争中提高创新水平和产品质量，形成独特的品牌影响力。其中，广东省的"首市场"模式为广东省品牌建设和营销管理奠定了坚实基础。所谓"首市场"，就是指企业在新产品推向市场之前，先在本地的"试点市场"进行试销，观察市场反应和消费者反馈，以此为基础进行全国市场的扩大推广。

广东省政府在文化产业发展中，注重科学的政府行为，坚持政府职能与市场运作相结合的发展模式，避免政府过度干预市场、破坏市场自主发育的良性机制。政府在文化产业中更多的是指导和引领，为文化产业企业提供规划、政策、法规等多方面的支持，同时针对行业老大难问题，协助产业转型升级，构建合作和谐生态。广东省政府也注重与各级社会组织和市场主体协同合作，发挥社会力量的作用，推动文化产业持续发展。例如，鼓励企业与高校、研究机构、专业组织等合作，营造有利于生产、流通、消费的市场环境，促进文化产业生态的健康发展。

品牌作为企业或地区的无形资产之一，对于推动文化产业发展具有至关重要的作用。在当今全球化的商业环境中，品牌已经成为企业甚至是地区发展战略的核心要素之一。广东拥有优越的地理位置和便捷的交通网络，在"21世纪海上丝绸之路"的推动下，广东文化产品和服务已经引入到东南亚、中东、非洲等地。在国际市场上，广东已经推出一批有代表性的文化创意类品牌，如珠江电影制片厂、华谊兄弟、动点科技等公司，这些企业在国际市场上具有一定的影响力。中国加入WTO后，广东积极实施"走出去"战略，发展国内和国外两个市场，并以积极的姿态与国外媒体集团开展合作，学习他们的先进技术和有效的管理经验，来拓宽自身的国际市场和参与国际文化竞争，进而全面推进广东文化产业的发展。

广东省品牌推动型的文化产业发展模式，能够给兵团文化产业发展和供给侧结构性改革带来很好的借鉴与参考。因此，兵团应该高度重视品牌的作用，积极努力打造自己独有的文化品牌。首先，应建立一个切合于兵团文化实际情况的品牌标准，而这个标准就是在对不同地区文化的归纳和总结基础上，精益求精；其次，积极通过挖掘各师市的文化特色和习俗，打造出高层次和高质量的文化品牌；最后，通过多种渠道加强对品牌形象的宣传和推广，包括线上和线下两个渠道。依托国内外人们较常使用的社交媒体和网络，使兵团文化产业品牌在全国范围乃至全球范围内得到一定的认知度和知名度，进而加速兵团文化产业品牌的发展和壮大。

（四）政府导向型的云南模式

云南的文化产业发展模式与改革开放以来的中国经济发展模式有一些相似之处，都强调了市场经济、产业升级和创新驱动等重要特点，也与在政策扶持下的政府主导型的日韩模式有共同点，强调政府在文化产业中占据主导地位，出台政策去指引和促进文化产业发展。总的来讲，云南的政府导向型文化产业发展模式主要采取以下举措：

第一，云南在文化产业体制改革方面探索了"文化权力下放"的新路子。具体而言，云南省政府通过打破文化行政区划的束缚，逐步实现文化权力下放，充分调动地方文化资源，促进了区域文化的融合发展、共同繁荣，在文化机制改革方面开创了新局面。一方面，云南省注重加强文化资源的应急管理体系建设，不断改进危机事件处置机制，全力保护文化资源的安全与可持续性。另一方面，云南省还通过艺术节、文物展等文化活动，把文化融入健康和谐发展中，提高当地文化的社会认同度和社会责任感。第二，在公共文化服务方面，云南坚持点、线、面结合，持续推进公共文化服务标准化，不断满足人民群众的精神文化需求。公共文化服务设施网络基本实现了全覆盖，像美术馆、图书馆、博物馆等，全部向社会公众免费开放，让广大民众更为方便地享受到文化的熏陶和体验。第三，云南依托区位优势，开展国际传播和对外文化交流合作，向世界讲好美丽中国和七彩云南的故事；成功打造了"大理国际影会""亚洲微电影节"等知名文化交流品牌。同时，云南省推出一大批思想和制作集齐一身的文艺精品，高质量推进文化强省的建设，为实现中华民族伟大复兴汇聚云南力量。

云南省是多个少数民族的聚集地，有 25 个少数民族，总人口超过 1000 万，占全省总人口的 1/3 左右。这些少数民族有着不同的宗教信仰、习俗风情和文化习惯，形成了多元、多样的民族文化，成为云南独特的文化景观和旅游资源。例如，彝族有"三月三"节、傣族有泼水节等传统节日，黎族有木鼓舞、布朗族有摩梭祭祖等传统艺术表演形式。此外，云南还拥有世界文化和自然遗产景点，如元阳梯田、大理古城、峨山彝族梯田、滇池、普者黑沃土保护区等。这里对于传统文化的保护十分重视，区别于内地文化的风格促进了当地旅游业的蓬勃发展，吸进了大量国内外旅客来到这里。

相较于云南，兵团也具有其独特的地理位置和丰富多彩的多民族文化，具备发展特色文化旅游资源的宝库。在推动兵团文化产业大繁荣大发展的进程中，兵团应借鉴云南的政府导向型文化产业发展模式，增强政府政策的引导与指引，大力挖掘和开发本地文化资源，注重文化产业和旅游业的融合发展。此外，兵团应加快旅游业的升级改造，提高旅游环境和服务水平，推动旅游业不断发展；通过建设旅游示范区、推广休闲农业、生态旅游等多种方式，融合丰富多彩的兵团文化，丰富文化旅游业态，提高游客体验和旅游品质，打造具有特色的文化旅游优势，吸引更多的文化旅游者。

三、国内外文化产业发展模式对兵团的启示

（一）坚定兵团文化自信，讲好兵团故事

各族人民要坚定文化自信、弘扬中华优秀传统文化，这才是发展文化产业的核心。古人云："欲要亡其国，必先灭其史，欲灭其族，必先灭其文化。"由此可以看出，传承优秀传统文化对一个国家和民族的生存与发展何其重要！首先，

可以多渠道、多形式、多手段地进行军垦文化宣传，向人们传递正面、积极的文化价值观，弘扬兵团精神，加强文化认同感和归属感，提高人们对兵团文化的信心和自豪感。其次，可以通过举办各类文化活动、文艺比赛、展览展示等形式，促进文化创作和人才培养，营造浓厚的文化氛围，提高人们对兵团文化的关注度和认知度。再次，重视特有的历史文化资源，组织专业化文化人才进行深入的调查研究，总结和传承优秀的兵团历史文化，促进兵团文化的传承和弘扬。最后，在讲解兵团故事时，应从兵团的历史、民族文化、自然风光、经济社会发展等方面，挑选出具有影响力、代表性的亮点和特色内容，深入浅出地讲述，引起听众的兴趣和共鸣。此外，不同群体、不同层次的听众有不同的文化素养和审美标准，应该针对具体受众，有针对性地进行故事内容的选择和形式的呈现，这样做有助于兵团文化的传承和弘扬，做到兵团文化的精准营销与高效传播。

（二）发挥政府宏观引导作用，进一步加大扶持力度

与北京、上海这些文化产业发展较为先进的地区相比，兵团文化产业发展速度较慢，这就要求国家层面要正确地引导并出台政策给予支持，这样才能在短时间内取得重大突破。虽然不能像北京、天津以及河北那样实施区域协同发展，但可以继续推动和深化"兵地融合""文化润疆"等战略，以此促进兵团与地方之间、不同民族群体之间的文化交流和融合，以带动兵团文化产业的快速发展。在全国全面推进乡村振兴的道路上，兵团应积极响应国家号召，利用乡村文化带动农村经济增长，同时反哺于文化产业，促进经济和文化产业的双增长与共赢。为了更好地发挥政府职能，可以从以下几个方面对兵团文化产业做举措。第一，出资建立文化创意中心和供需信息等公共服务平台，旨在为兵团文化企业提供产品创意上的支持和帮忙，找到更多的销售渠道，开拓兵团的文化市场销售范围与市场覆盖面积。第二，加强对文化产业链的管控和规划工作，结合当地实际情况升级兵团文化产业链。同时，在文化产业链的多环节要制定更加优惠的减税政策，减少文化类企业的负担，如对于文化产品对外输出的企业降低税费。第三，设立产业创业基金，资助那些优秀的中小型文化企业，鼓励其创新发展，围绕特色文

化资源不断进行创意、创新与创业。第四，完善公路、铁路、通信等基础设施，降低企业生产和销售文化产品的成本，提高文化产品的经济效益。这些举措可进一步发挥政府的引导作用，促进兵团文化产业的发展。此外，兵团要定期对政策和措施的落实程度进行监督与评估，以不断调整并优化现行的文化产业政策。

（三）建立人才培养引进机制，推进文化产业融合

人才密度铸就规模化创新，人才是促进文化产业发展的关键因素，兵团要树立文化人才是第一资本的理念。当下影响兵团文化产业发展最主要的瓶颈因素就是"留不住、引不来"文化人才，而兵团接下来需要去做的就是尽全力吸引和培育专业化的文化人才。首先，加强各种文化类教育和培训，完善文化人才培养体系；加强对青少年和大学生的文化素质教育，让学生更好地了解和理解兵团特色文化和优势文化。其次，完善人才引进制度，鼓励优秀的文化人才来到新疆，为兵团的文化事业贡献力量；同时通过优化文化人才奖励机制，吸引和留住优秀人才。最后，在兵团文化单位、事业单位和学校等平台建立人才轮换制度，促进人才在不同的平台进行交流与成长。

文化产业具有较好的融合特性，充分利用"文化+"、文化融合等举措，促进文化与其他产业的融合，成为兵团文化产业发展的必由之路。首先，发展文化和旅游融合是重点，以文化提升旅游的内涵品质，以旅游促进文化的传播消费，促进文化产业和旅游产业的双向融合与相互促进。兵团可以通过发挥文化旅游产业的优势和地位，为推动创新文化产业的发展营造更加优良的发展环境。其次，推进文化产业与其他相关领域融合非常重要，如与科技融合。科技的每一次重大进步，都会给文化产品带来新的传播方式和展现形式。在这些高尖端技术的支持下，给消费者带来了更强的实时体验、更逼真的感官沉浸，身心体验不断升级，供给端产品和服务越来越满足人们的需求。最后，促进文化与金融的融合，也是推动兵团文化产业发展的一个抓手。兵团应加大政府投入金融税收支持、鼓励各种所有制参与文化产业发展、推进文化体制机制改革创新，不断优化文化产业发展的金融环境，为文化产业的创新和发展提供充分的资金保障。

（四）拓展文化产业链，深层次推进文化"走出去"战略

根据有关数据统计，韩国文化产业的收入绝大部分源自拓展的产业链。韩国的一部偶像剧，一些情节中设计的服装、食品甚至景点都可以带动服饰业、餐饮业和旅游业的发展，引起韩国民众对于某种事物的热潮。这种嵌入式的营销方式，会促进消费者产生购买欲望。兵团的一些文化产品和服务不以拓展产业链为目的，而是以创收为目的进行产品的生产，不仅不能刺激到消费者的购买欲望，而且企业在生产产品中还忽略了产品本身带有的文化特色，所呈现出的产品难以触动顾客。因此，兵团文化产品要有兼顾性和渗透性，要在文化产业链和"走出去"战略上下功夫。首先，充分调查消费者的文化审美，摸清楚文化消费者的真实需求，并不断融入科技和文化元素，进行文化产业的创新与创意开发，促使推出的文创产品真正深入消费者心里。此外，对于有特殊需求的顾客，文化类企业应专门开设定制化服务，根据需要进行定制化生产。其次，整合兵团故事、兵团景点、兵团文艺精品、兵团主题电视剧等相关资源，在此基础上进行文化产业链的延伸，不断开发周边产品、衍生产品，促进兵团文化产业链的不断发展壮大，不断提升兵团文化产品的附加值。最后，坚持"走出去"战略，积极参加各种博览会、推介会等，举办文化节、文化旅游节等活动，对兵团文化产品进行高质量的宣传与传播，促进兵团文化产品不断"走出去"，走向国内乃至国外的市场，不断扩大需求增量，提升兵团文化产业的竞争能力。

第九章　新时代背景下兵团文化产业供给侧结构性改革的目标及路径设计

本章在分析兵团文化产业供给侧结构性改革存在的主要问题和制约因素的基础上，通过借鉴国内外文化产业发达区域供给侧结构性改革的先进经验与参考国内外文化产业发展的先进模式，结合新时代的大背景，提炼和归纳了兵团文化产业供给侧结构性改革的目标，围绕目标，从要素升级与产业发展支撑、市场主体培育与供给质量提升、产业结构调整与产业关联加强、体制机制改革与产业政策完善等层面设计了四条主要路径，这为新时代背景下的兵团文化产业供给侧结构性改革提供了明确的方向和有力的指引。

一、兵团文化产业供给侧结构性改革的目标

新时代兵团文化产业供给侧结构性改革，是一个涉及兵团文化产业各个领域并与社会经济发展各个领域紧密联系的系统工程，绝不是一个文化产业封闭且单独的问题，而是与兵团人民福祉和"先进文化示范区"建设都有联系的重大改革。新时代的主要矛盾是人民日益增长的美好生活需要和不平衡不充分的发展之间的矛盾。新时代兵团文化产业供给侧结构性失衡的主要原因是：兵团人民日益

增长的对文化产业发展的需要与兵团文化产业不平衡不充分发展之间的矛盾。"不平衡""不充分"的文化产品供给是兵团文化产业供给侧结构失衡的主要原因。为解决此结构性失衡问题，兵团需持续深化文化产业供给侧结构性改革，逐步完成兵团文化产业供给侧结构性改革的总目标：不断提升兵团文化产业全要素生产效率，实现兵团文化供给从注重"增量"到注重"提质"的根本转变，塑造更高水平的供需平衡，真正实现兵团文化产业由高速增长阶段转向高质量发展阶段。这一总目标可以分解成提效率、优供给、调结构等分目标。

（一）合理配置文化产业资源要素

兵团文化产业供给侧结构性改革中面临的首要问题或制约因素包括资源要素供给水平较低、优质资源要素较匮乏、资源要素配置缺乏效率，这是导致兵团文化产业供给侧结构性失衡的根本原因。因此，实现生产要素的有效配置，不断提升全要素生产力成为兵团文化产业供给侧结构性改革的首要目标。兵团应依据文化产业发展的市场规律、市场规则和市场标准，推动文化产业要素资源的合理配置，打破垄断行业的行政管制，发挥市场机制在配置生产要素过程中的决定性作用，促进资本、技术、人才、土地和劳动力等要素资源的自由有序流动，建立健全由市场支配的文化产业要素供给市场体系，促进要素资源供给水平的稳步提升，不断提高要素市场配置效率，全方位提高文化产业全要素的生产力，为兵团文化产品供给质量提升和产业结构优化奠定坚实的资源要素基础。

（二）提高文化产品供给质量与效率

兵团文化产业供给侧结构性改革中面临的第二个重要问题或制约因素包括文化产品供给结构失衡、优质供给较少、产品供给质量参差不齐等。深化文化产业供给侧结构性改革，壮大文化市场经营主体发展，提高文化产品供给体系质量，是满足兵团人民日益增长的美好生活需要的必由之路，因此，提高文化产品供给质量与效率是新时代背景下兵团文化产业供给侧结构性改革的核心目标。新时代背景下，兵团在文化产业供给侧结构性改革进程中，应强化兵团文化企业的市场主体地位，鼓励兵团文化企业释放市场活力和提升产品创新创造力，增强有效供给能力，培育兵团文化产业增长的新动能。还应着眼于提高质量和效益，大力推进供给端的改革创新，采取现代化与科技化的经营运作方式，逐步摆脱文化产品的"低质低效陷阱"，不断提高兵团文化产品的供给质量和效率。

（三）促进文化产业结构转型升级，实现高质量发展

兵团文化产业供给侧结构性改革中面临的第三个重要问题或制约因素包括产业结构不合理、产业关联能力差、融合程度低等。大力推进文化产业供给侧结构性改革，调整兵团文化产业结构，促进文化产业结构转型升级，不断提升兵团文化产业的发展规模和档次，是兵团文化产业实现高质量发展的重要途径。因此，促进文化产业结构转型升级，实现高质量发展是新时代背景下兵团文化产业供给侧结构性改革的最终目标。新时代背景下，兵团必须坚持以供给侧结构性改革为主线不动摇，加快文化产业结构优化升级，从调整产业区域结构、升级产业形态结构和优化产品结构进行着力，不断提升文化产业的科技创新能力，变供给侧结构性改革的瓶颈压力为推动兵团文化产业高质量发展的动力。

二、兵团文化产业供给侧结构性改革的路径设计

为促进新时代背景下兵团文化产业供给侧结构性改革目标的实现，本节结合前文文化产业供给侧结构性改革存在的一系列问题和主要制约因素，设计了以下四个关键的路径：路径一：创新资源要素供给水平，构筑产业发展支撑体系，主要匹配兵团文化产业供给侧结构性改革的首要目标：合理配置文化产业资源要素。路径二：强化市场主体地位，推进文化产品提质增效，主要匹配兵团文化产业供给侧结构性改革的核心目标：提高文化产品供给质量与效率。路径三：加快产业结构调整，增强产业关联能力，主要匹配兵团文化产业供给侧结构性改革的

最终目标：促进文化产业结构转型升级，实现高质量发展。路径四：健全产业发展体制机制，完善产业政策体系，这和兵团文化产业供给侧结构性改革的首要目标、核心目标和最终目标均有关联，主要为兵团文化产业供给侧结构性改革目标的实现提供关键的制度保障。

（一）路径一：创新资源要素供给水平，构筑产业发展支撑体系

针对兵团文化产业供给侧结构性存在的这些问题："高端复合创新型人才缺乏、人才供给要素待优化""资金供给要素较缺乏、多元融资体系不健全""文化产业规模较小、总体供给水平不足""文化企业创新能力较差"，剖析得出主要的制约因素是要素配置缺乏效率、支撑体系较薄弱。为解决存在的问题，克服制约因素导致的供给侧结构性改革困境，促进兵团文化产业供给侧结构性改革首要目标的实现，新时代背景下，兵团文化产业供给侧结构性改革应选择的路径：创新资源要素供给水平，构筑产业发展支撑体系。该路径的核心内容：兵团文化产业供给侧结构性改革进程中，应不断创新文化产业要素资源供给水平，通过"重视复合创新式人才培养、构建多元投融资体系、加强文化科技创新投入"等措施，为兵团文化产业供给侧结构性改革提供高水平的人才要素、资金要素和技术要素，并不断提高这些文化产业资源要素的优化配置效率。同时，为兵团文化产业的大繁荣大发展构筑坚实的人才支撑、资金支撑和技术支撑，形成完备的促进兵团文化产业高质量发展的支撑体系。通过该路径的实施，能够为兵团文化产业供给侧结构性改革提供充足的人力资本、充分的资金支持和强劲的技术支撑，为兵团文化产业的转型升级和高质量发展提供要素配置和产业支撑方面的新动能。

（二）路径二：强化市场主体地位，推进文化产品提质增效

针对兵团文化产业供给侧结构性存在的这些问题："文化产业规模较小、总体供给水平不足""无效、低端供给过剩，中高端精品供给较匮乏""文化企业规模小、辐射与创新能力较差"，剖析得出主要的制约因素是市场主体地位不突

出、文化产品供给质量参差不齐。为解决以上存在的问题，克服制约因素导致的供给侧结构性瓶颈，促进兵团文化产业供给侧结构性改革核心目标的实现，新时代背景下，兵团文化产业供给侧结构性改革应选择的路径为：强化市场主体地位，推进文化产品提质增效。该路径的核心内容为：兵团文化产业供给侧结构性改革进程中，应坚持"强化主体、增强活力、壮大规模、增加数量"的原则，通过"大力培育多元化市场主体、扶持中小微文化企业发展、鼓励大型龙头企业发展、发挥带头引领辐射作用"等措施，构建和谐共生、相辅相成的"兵团直属文化企业集团为龙头、大型民营文化企业为主力军、中小微文化企业为主体"的多元市场经营主体格局。同时，依托文化资源优势，注重内容为王，着力打造强势军垦文化品牌，促进兵团文化产品的提质增效。通过该路径的实施，能够帮助兵团不断释放文化企业的市场活力，强化兵团文化经营主体的市场地位，为兵团文化产业供给侧结构性改革提供强大的根基和载体；也能够促进兵团文化企业通过塑造强势军垦品牌和实施创新驱动战略，不断强化兵团文化产品的品牌化、品质化、创新化、创意性，有效提升兵团文化产品的供给质量和供给效率，继而推动兵团文化产业的高质量跨越式发展。

（三）路径三：加快产业结构调整，增强产业关联能力

针对兵团文化产业供给侧结构性存在的这些问题："文化产业区域发展不平衡、产业区域协调发展欠佳""文化产业结构不合理、新兴文化业态发展较慢""文化产品附加值较小、与其他产业融合程度较低""无效、低端供给过剩，中高端精品供给较匮乏"，剖析得出主要的制约因素是产业结构不优化，产业关联能力差。为解决以上存在的问题，克服制约因素导致的供给侧结构性瓶颈，促进兵团文化产业供给侧结构性改革最终目标的实现，新时代背景下，兵团文化产业供给侧结构性改革应选择的路径为：加快产业结构调整，增强产业关联能力。该路径的核心内容为：兵团文化产业供给侧结构性改革进程中，应把产业结构调整和优化作为重要的抓手，从产业区域结构调整、产业形态结构升级和产品结构优化三个方面出发，通过"加强顶层设计与规划、优化文化产业区域结构布局，培

育新型文化产业业态、推动文化产业结构优化升级，扩大有效供给、增强精品供给，不断优化文化产品结构"等措施，促进兵团文化产业结构的布局合理和协调发展。此外，通过实施"文化+"工程，深化文化产业与其他产业的融合措施，增强兵团文化产业和其他产业之间的关联能力。通过该路径的实施，能够帮助兵团从区域结构、业态结构和产品结构三个方面实现文化产业结构的优化升级和合理布局，也能够有效提高兵团文化产业和其他产业之间的融合程度与联动效应；该路径将成为新时代背景下兵团文化产业供给侧结构性改革的重要抓手。

（四）路径四：健全产业发展体制机制，完善产业政策体系

针对兵团文化产业供给侧结构性存在的这些问题："政策引导作用不强、制度性成本较高""多元融资体系不健全""高端复合创新型人才缺乏、人才供给要素待优化""文化产业供给模式较为滞后、供给主体相对单一"，剖析得出主要的制约因素是体制机制不健全，产业政策体系不完善。为解决以上存在的问题，克服制约因素导致的供给侧结构性瓶颈，促进兵团文化产业供给侧结构性改革首要目标、核心目标和最终目标的实现，新时代背景下，兵团文化产业供给侧结构性改革应选择的路径为：健全产业发展体制机制，完善产业政策体系。该路径的核心内容为：兵团文化产业供给侧结构性改革进程中，应着力推动兵团文化产业领域的体制机制改革，通过"深化行政管理体制改革"措施：改善兵团文化产业的管理体制、持续推进文化管理领域的简政放权工作、大力推进"互联网+政务服务"工作，为兵团文化产业供给侧结构性改革塑造良好的制度环境；通过"深化市场经济体系改革"措施：构建"关系和谐、良性竞争与共享共建"的市场运行机制、健全文化产业要素市场、营造高品质文化市场消费氛围、完善文化市场的准入和退出机制、完善文化市场的法规建设和信用体系建设，在兵团文化产业领域不断强化市场机制的主导作用；通过"深化财政税收制度改革"措施：对兵团范围内的文化企业进行减税降费、持续完善行业政策、不断完善金融政策等，为兵团文化产业发展构筑完备的政策扶持体系。该路径的实施有三个重要的作用：一是能不断完善兵团文化产业的治理模式，逐步提高文化产业领域

的政府工作效能和政务服务效率；二是能充分发挥市场机制在兵团文化产业发展中的决定性作用，强化市场的主体地位；三是能为兵团文化产业发展提供宽松的财政税收制度环境和完善的政策体系，促进兵团文化企业转型升级和改革创新，保障兵团文化行业的高质量发展。该路径将成为新时代兵团文化产业供给侧结构性改革的制度保障。

第十章 促进兵团文化产业供给侧结构性改革路径实施的对策

本章在分析兵团文化产业供给侧结构性改革存在问题和制约因素的基础上，通过借鉴国内外文化产业供给侧结构性改革与文化产业发展模式的先进经验，围绕第九章的兵团文化产业供给侧结构性改革的目标及路径设计，结合新时代的大背景，从要素升级与产业发展支撑、市场主体培育与供给质量提升、产业结构调整与产业关联加强、体制机制改革与产业政策完善等层面，提出促进兵团文化产业供给侧结构性改革的对策和建议，以期为兵团文化产业高质量发展和转型升级献计献策。

一、要素升级与产业发展支撑层面

（一）重视复合创新型人才培养，为产业发展提供人才支撑

在兵团文化产业供给侧结构性改革进程中，需要不断推动兵团文化产业的创新、创意和融合，复合创新型人才是推进兵团文化产业高质量发展的第一供给要素。针对高端复合创新型人才匮乏、整体人才供给要素水平较低的问题，兵团应

大力实施文化产业人才培养工程，重视复合创新型人才的培养与激励，不断提升整体人才要素供给水平，为兵团文化产业发展提供强有力的人力资本。具体来讲，兵团需要在文化产业人才供给要素方面，做到以下几点：一是树立良好的人才理念，注重对兵团文化产业经营管理和文化产品创新设计人才的培养，通过"走出去"和"请进来"的方式，加强相关专项技能和文化产业素养的培训，不断提升文化产业人才的专业素养和综合能力。二是通过高层次人才引进项目或工程，从国内外文化产业发展较先进的地区引进一批高端复合创新型人才，吸纳他们到兵团文化产业领域进行创业或经营管理示范性企业，逐步打造能够促进兵团文化产业快速发展的人才高地。三是创新兵团文化产业人才的考核方式，采用项目扶持、经验技能入股、股票期权、利润分成和现金奖励等手段，加大对兵团文化产业人才的激励，鼓舞文化产业人才发挥最大的能动性；并通过出台针对兵团文化产业人才的税收、财政等方面的特殊优惠政策，形成良好的有利于人才干大事干好事的产业发展环境。四是加强兵团文化企业与石河子大学、塔里木大学、新疆大学、新疆文学艺术学院、新疆维吾尔自治区文学艺术界联合会等高等院校科研院所的交流和合作，一方面，可通过共建文化产业人才培养基地的方式，为兵团文化企业定向输送专业化人才；另一方面，可通过共建文化产业交流平台或研究中心的方式，加强产学研之间的交流，达到文化产业人才双向培育的目的。

（二）构建多元投融资体系，为产业发展提供资金支撑

从国内外先进文化产业发展区域来看，多元投融资体系是推动文化产业供给侧结构性改革的重要基础保障。针对资金供给要素较缺乏、多元融资体系不健全的问题，兵团应积极吸纳财政拨款、银行贷款、企业投资、社会资本、民间资本和海外资本等，构建多元化投融资体系，形成政府资本引导、社会资本主导的新型投融资格局，为兵团文化产业发展提供充分的资金支撑，更为兵团文化产业供给侧结构性改革培育新的动能。具体来讲，兵团需要在文化产业资金要素供给方面做到以下几点：一是通过 PPP 融资、招商引资、信托融资、股权融资等新型

投融资方式，引导社会资本、民间资本、海外资本、非文化企业闲置资本等以多种形式投资兵团文化产业，实现兵团文化投融资主体的多元化，为兵团文化项目建设和文化产品研发助力。二是鼓励自有资金充足的企业、团体等依法成立各类文化投资公司，以文化投资基金、担保基金等方式，为兵团中小文化企业解决融资"困难且成本高昂"的突出问题，以盘活社会资金的正常流动。三是抓住创建"先进文化示范区"、"一带一路"丝绸之路核心区、"文化润疆"、"旅游兴疆"的战略机遇，通过申报创建重点文化产业示范项目，积极向国家文化和旅游部、兵团相关部门争取相应的文化产业发展扶持资金，缓解兵团文化产业供给侧结构性改革中的资金匮乏困境。四是通过改制重组等方式，积极培育兵团文化产业板块上市的资源储备，大力支持上规模、符合条件的兵团文化企业通过 IPO、兼并重组等方式在证券交易所进行上市融资，以推动兵团文化产业的跨越式发展。五是积极引导国有资本、社会资本和金融机构通过共同出资的方式，设立兵团文化产业投资引导基金、创业投资基金、创新风险基金等，按照"政府引导、市场运作、资金安全、风险可控"的原则，对兵团文化企业开展供给侧结构性改革进行资金的支持和对策的引导。

（三）加强文化科技创新投入，为产业发展提供技术支撑

综合国内外先进文化产业发展区域的经验，可以发现，文化产业发展史就是一部优秀文化与先进科学技术相结合的历史，用一句话概括就是：科学技术是文化产业发展的第一动力。针对要素配置缺乏效率、支撑体系较薄弱等制约因素，兵团应实施创新驱动发展战略，加强对文化科技创新的投入，不断创新兵团文化产业技术要素供给，为兵团文化产业发展提供强劲的技术支撑。具体来讲，兵团需要在文化产业技术要素供给方面做到以下几点：一是加强与华为公司、中兴公司、迈普公司、科大讯飞等国内大型文化科技企业的合作，不断学习与引入物联网、大数据、云计算、人工智能、VR、AR 等前沿科学技术，为兵团文化产品的创意创新开发打下较强的技术基础。二是大力实施文化科技创新工程，鼓励数字文化、内容文化、创意文化等新兴文化业态的发展，并注重新技术与传统文化业

态的融合，支持文化企业的自主技术创新，不断提高传统文化业态的科技水平。三是依托国家高新区、经济技术开发区、双创孵化基地等产业园区的优势，构建文化科技产业基地，通过基地带动文化与科技的融合，鼓励科技人员在文化产业领域创新创业，不断扩大兵团文化产业的技术储备库。四是出台优惠政策，培育一批技术含量高、创新意识强与文化产业关联密切的文化创意类科技示范企业，为其他兵团文化企业提供产品创意创新方面的技术指导与咨询，为兵团文化产业供给侧结构性改革提供技术助力，更为产业发展带来技术支撑。五是建立高新技术创新平台，包括科研机构、创新基地、孵化器等，为文化产业提供技术支持和创新资源。这样的平台可以促进技术交流与合作，推动跨界融合创新的开展。六是增加对高新技术研发的投入力度。通过设立科研项目、组织创新团队、引进人才等方式，提高技术研发能力和水平，为文化产业的融合发展提供有力支持。同时，出台鼓励企业创新的政策，包括提供财政资金支持、减免税收、简化创新项目审批程序等。七是鼓励文化产业企业与科研院所、高校等建立合作关系，共同开展高新技术研发，推动产业融合发展。八是加强技术转移和转化的工作，将科研成果应用到文化产业中来。通过建立技术转移机构、推动科技成果市场化等方式，实现技术与产业的有机结合，提升文化产业的创新能力和竞争力。

总而言之，在兵团文化产业供给侧结构性改革进程中，加强高新技术创新投入是为兵团文化产业供给侧结构性改革提供技术支撑的重要举措。在文化产业供给侧结构性改革中加强高新技术的应用，可以借助于层出不穷的感官体验和文旅融合新内容，进行新产品、新技术的研发，持续增加承载文化旅游体验的新内容。通过加强高新技术创新投入，能够为兵团文化产业的供给侧结构性改革与快速健康发展提供重要的技术支撑，也是推动兵团文化产业向高质量发展迈进的重要抓手。

二、市场主体培育与供给质量提升层面

（一）大力培育多元化市场主体，扶持中小微文化企业发展

企业是文化产业发展的根本和重要载体，更是文化产业供给侧结构性改革的主体，对文化产业的转型升级和高质量发展起到决定性作用。针对"供给主体相对单一""市场主体地位不突出"等问题或制约因素，兵团应吸纳国内外先进经验，大力培育多元化市场经营主体，解决兵团文化产业供给主体单一的问题；同时，应重点扶持或鼓励中小微文化企业的发展，逐步完善兵团文化供给主体的总量，强化产业整体的市场地位。具体来讲，兵团需要在供给侧结构性改革进程中做到以下几点：一是坚持"强化主体、增强活力、壮大规模、增加数量"的原则，不断深化兵团国有文化企业改革、培育大型民营文化企业规模化发展、增加中小微文化企业数量，形成不同所有制企业和谐共生的"兵团直属文化企业集团为龙头、大型民营文化企业为主力军、中小微文化企业为主体"的多元市场经营主体格局。二是充分发挥市场机制的作用，做好政府的正确引导，围绕各师市的区域文化特色，扶持一批"专、特、精"中小型示范性文化企业，塑造一批具有较好市场活力的兵团特色文化产业圈。三是实施"个转企"工程，鼓励各类文化工作坊、文化工作室、文化艺术创意中心、文化众创空间、双创基地文化孵化项目、文化产业个体工商户等非法人单位，积极转型为标准的法人单位（微型企业），真正以市场主体的身份参与文化产业市场领域的竞争。四是出台"扶持中小微型企业发展"的专项政策，营造优良的文化产业"创新、创意、创业"的制度环境，充分发挥兵团中小微文化企业的灵活性强、创新行为活跃的特质，扶持有发展潜力的中小微文化企业在规模上做大做强。

（二）鼓励大型龙头企业发展，发挥带头引领辐射作用

国际国内经验表明，龙头企业和大型骨干企业是文化产业实现高质量发展的主力军，也是文化产业市场经营主体的核心力量，对文化产业供给侧结构性改革起到至关重要的作用。针对文化企业规模小、辐射与创新能力较差、市场地位不突出等问题或制约因素，兵团应吸纳国际国内的先进经验，鼓励兵团大型龙头文化企业发展，强化兵团龙头文化企业和大型骨干文化企业的引领、带动和辐射作用，为兵团文化产业供给侧结构性改革提供关键的核心力量，促进兵团文化产业的高质量发展。具体来讲，兵团需要在后续的文化产业供给侧结构性改革进程中做到以下几点：一是直属文化企业集团是兵团实力最强的国有文化企业，位于兵团文化产业的"第一方阵"，占据龙头的地位。鼓励文广传媒集团有限公司、新疆生产建设兵团出版社有限责任公司、兵团演艺集团有限责任公司等一批龙头企业依托资源优势，不断延伸产业链条，加强产业融合进程，做优做强特色产业，大力培养成为疆内领先、西北知名的领军型文化企业，促进兵团文化企业的规模化发展。二是应不断培育和壮大兵团大型民营文化企业的发展，鼓励大型民营文化企业打破地域、行业与所有制的界限，促进兵团优质文化资源、高水平文化供给要素向"实力强、特色鲜明、创新突出"的大型民营文化企业集聚，促进兵团文化的专业化、集约化发展。三是出台相应的鼓励政策，强化兵团龙头文化企业和大型民营文化企业的示范、引领与辐射作用，带动其他中小微文化企业的发展，形成有较强竞争力的文化产业集群，帮助兵团文化产业走向多元化、立体化和链条化的快速发展之路。

（三）大力创建优秀军垦文化品牌，不断提升文化产品供给质量

提升文化产品的供给质量是文化产业供给侧结构性改革的关键路径，也是文化产业高质量发展的重心。针对无效低端供给过剩、中高端精品供给较匮乏、文化产品附加值较小、供给质量较差等问题或制约因素，兵团应依托文化资源优势，着力打造强势军垦文化品牌，促进兵团文化产品的提质增效，实现兵团文化

产业的转型升级和高质量发展。具体来讲，兵团在后续的文化产业结构性改革中要做到以下几点：一是突出重点、凝聚特色，创建强势军垦文化品牌，需要整合兵团文化资源，重点开发与军垦文化、红色文化、中原文化、丝路文化、边疆文化、屯垦文化等相关的文化品牌，打造一批在疆内外有知名度和美誉度的特色军垦文化品牌，凸显兵团特色文化的魅力和内涵。二是实施创新驱动战略，应鼓励兵团文化企事业单位通过"互联网+""大众创业、万众创新"等国家创新工程，激发兵团文化企业的市场活力，围绕市场需求，将大数据、人工智能、新媒体手段等信息技术应用到兵团文化资源的开发和挖掘中，实现兵团文化产品的内容创新、形式创新与业态创新，不断提高兵团文化产品的科技附加值和含金量，继而推动兵团文化产品供给质量的提升。三是借鉴国内外文化产业先进区的经验，秉持内容为王的原则，注重工匠精神的运用，鼓励兵团文化企业精心雕琢，将"兵团精神+军垦文化"融入到文化产品中去，开发出"高品质、有品位、富有创意"的兵团文化产品，促进兵团文化产品供给质量的显著提升。

（四）完善官方红色文化网站建设，搭建红色文化多媒体互动平台

建设网站传播红色文化，首先需要建立官方的红色主题网站，因为政府部门掌握着权威和丰富的历史档案资料，将这些资料转化为数字化信息，可以方便群众获取相关兵团红色文化信息，增强对兵团红色文化的了解，收到预期的传播效果。在文化多元化的今天，官方网站也可通过多样化形式开展宣传，如开设主题网站以便于开展兵团红色文化的宣传，使红色文化占领互联网文化的主阵地；增加网站模块，充分利用网络传播的优点，努力扩展网络功能，使群众浏览信息更加便利化与趣味性，满足群众多样性需求；传播内容与现实相结合，在保证兵团红色文化完整性与准确性的同时，不断进行创新，使其与时代接轨。

众所周知，微博和微信公众号是近年来较为普遍化的互动平台。兵团可以选择在微博、微信朋友圈开通推广功能，吸引更多互动媒体用户的关注。此外，还可采用较为受年轻人喜爱的抖音等自媒体进行兵团红色文化的传播。互动式媒体平台的优点在于随时随地发布信息推送，文章内容不宜太长，只要做到图文并茂

且充分利用视频功能，就能生动形象地展示兵团红色文化的风貌与风采。微信、微博为网络游客提供了碎片化学习的机会，便于进一步理解兵团红色文化的精神实质与内涵，达到向公众宣传兵团红色文化精神的目的。

（五）讲好兵团故事，推进兵团红色文化题材影视创作

在进行兵团红色文化的网络传播中采取叙事的方式，以"讲好红色故事"为主要策略，在兵团红色文化的场域中，将人作为红色故事的核心，人是最鲜活、最富有感染力的元素。在新媒体发展环境下，需要充分利用互联网媒体的平台优势，将红色故事营造的历史场域和价值主张以生动的叙事方式进行传播，促进网民自发传播行为，使兵团红色文化能够在更宽广的场域空间内传播。

"红色故事多以历史材料为依据，通过场域环境的交代、典型人物事迹的讲述和性格的刻画，来表现彼时时代背景下人物的人格魅力。"在既有的红色故事叙事中，存在内容陈旧、叙事俗套等问题，叙事模式刻板化，人物性格过于理想化，出现夸张、失实等问题，公众对此类叙事方式可能存在一定的抵触和抗拒心理。红色故事叙事的重点是历史场域的营造，以感染公众，可在客观真实的事件基础上艺术升华，通过细腻的故事叙事与情感表达来感染公众，使公众能够自觉自发地进行传播，这样兵团红色故事才能够被更多人接受。

兵团作为祖国重要且特殊的一部分，拥有丰富的兵团红色文化题材影视创作资源。以兵团话剧团为例，其演出的剧目达 900 多个，其中兵团作者创作的反映兵团地域生活和精神面貌的大中型剧目就超过 50 个。但影视创作不仅局限于电影、电视，动漫也是红色文化传播的重要途径。近年来，国漫的崛起引起了国人的重视，《哪吒》的播出更是将国漫推向了一定的高度。所以，兵团红色文化传播可以借助动漫这种新的文化传播方式，在借鉴国外成功经验的基础上，打造自己的动漫品牌，增强兵团红色文化在青少年群体以及全国范围内的影响力。

三、产业结构调整与产业关联加强层面

（一）加强顶层设计与规划，优化文化产业区域结构布局

文化产业区域结构是文化产业结构宏观层面的主要体现，也是文化产业供给侧结构性改革的有效抓手之一。针对文化产业区域结构发展不平衡、产业区域协调发展欠佳等问题或制约因素，兵团在文化产业结构性改革进程中，应加强顶层设计和长远规划，不断优化文化产业区域结构布局，促进兵团文化产业高质量的跨越式发展。具体来讲，兵团在以后的文化产业供给侧结构性改革中要做到以下几点：一是规划先行是文化产业高质量发展的必备条件，兵团应站在整体的视角，遵循文化产业发展的规律，从长远考虑，制定适合兵团区情的文化产业发展战略，不仅要制定兵团文化产业整体规划，也要制定重点师市、重点领域、重点文化产业园等配套规划，并加大北疆其他地区师市、东疆师市、南疆师市文化产业发展的支持力度，促进兵团各师市文化产业区域间的协调发展，不断优化文化产业区域结构布局。二是在供给侧结构性改革大背景下，应抓住"一带一路""先进文化示范区"建设的重要契机，鼓励各师市按照地缘优势、资源禀赋、经济发展水平的不同，充分挖掘各自的优势文化资源和特色军垦元素，并在地缘相近、文化产业互补性和关联性较强的地区构建"中心带动、错位发展、优势互补"的文化产业集群，促进文化资源在兵团各师市之间或兵地之间不断整合优化和空间性集聚，形成具有较强联动效应的文化产业经济带，为文化产业区域结构优化带来较大的帮助。三是南北疆师市经济发展水平悬殊，造成兵团文化产业发展具有较大的不平衡性特征。兵团在制定文化产业战略规划和构建文化产业经济带的同时，需要加强兵团各师市之间的协同创新；鼓励将北疆天山北坡经济带师市先进的文化发展理念、技术、人才与南疆等师市的文化资源进行整合和拼凑，

构建跨领域、跨行业与跨区域的创意创新创业联盟，促进兵团文化产业领域的各种资源高效流转，提升资源配置的效率，共建共享"美丽兵团"的文化产业名片。

（二）培育新型文化产业业态，推动文化产业结构优化升级

文化产业业态结构是文化产业结构中观层面的主要体现，也是文化产业供给侧结构性改革的有效抓手之一。针对文化产业结构不合理、新兴文化业态发展较慢等问题或制约因素，兵团在文化产业结构性改革进程中，应加快新兴文化产业业态的发展，并对传统文化产业业态进行转型升级，达到优化兵团文化产业结构的目的。具体来讲，兵团在今后的文化产业结构性改革中应做到以下几点：一是充分运用互联网、大数据、云计算、虚拟现实等现代化信息技术，大力培育动漫游戏、创意设计、网络文化、数字内容、移动多媒体等新兴文化产业，打造兵团文化和科技融合示范基地、兵团文化创意产业园、AR 和 VR 新兴文创产业高地等，促进高新技术文化企业的引进、培育和集聚发展，为兵团文化产业创造新的增长点。二是利用"互联网+"推进传统类文化业态蝶变，促进兵团传统文化产业转型升级。重点推动互联网、大数据、人工智能、物联网、区块链等先进信息技术的研发和应用，促进高科技与兵团传统文化产业（文化旅游业、文化演艺业、出版传媒业等）的有机融合，激发兵团传统文化活力，不断丰富兵团文化产业的资源要素、创意内容、表达方式，供给更多高质量的兵团文化精品，形成兵团文化的新业态、新模式和新产业，以推动兵团文化产业结构的优化升级。三是出台财政优惠政策，鼓励龙头文化企业和大型民营文化企业，大规模增加研发投入，不断提升自身的文化科技创新能力，同时加强与华为、腾讯、科大讯飞等科技企业的深层次合作，提高文化科技的创新效率，促进兵团文化产业新业态的快速发展，并不断提高新兴文化业态在整体文化产业中的占比，以促进兵团文化产业结构的升级转型。

（三）扩大有效供给、增强精品供给，不断优化文化产品结构

文化产品结构是文化产业结构微观层面的主要体现，也是文化产业供给侧结构性改革的有效抓手之一。针对无效低端供给过剩、中高端精品供给较匮乏等产品结构性失衡和过剩问题，兵团应在文化产业结构性改革过程中优化产品结构布局，通过扩大有效供给、增强精品供给的方式，推动兵团文化产品的有序完善和提升。具体来讲，兵团在后续的文化产业供给侧结构性改革进程中应该做到以下几点：一是充分利用现代营销的观念，开展详细的市场调查研究，搞清楚兵团文化产品消费者的具体需求特征和偏好，围绕确切的需求偏好，开发和设计有针对性的兵团文化产品，促进兵团文化产品的供需匹配，减少供需错位现象的发生，以达到扩大有效供给、减少无效供给的目的。二是针对无效低端文化产品供给过剩的问题，一方面，文化产业供给侧结构性改革中要采取"去库存"的方式，鼓励文化企业下决心清理低端供给方面的库存；另一方面，加强文化产品消费的引导，阻断低俗文化产品生存的土壤，从本质上对低端文化产品供给进行调整优化。三是讲好兵团故事，增强精品供给。兵团应充分梳理兵团军垦文化所蕴含的丰富故事素材、知名历史事件、富有影响力的历史人物、传奇的英雄人物、独特的风土人情等，深入挖掘能够彰显兵团人文底蕴、承载兵团精神的特色文化资源，加强优质特色文化资源与互联网、人工智能、数字技术等高科技形态的融合渗透，通过军垦创意园区、主题军垦文化公园、军垦纪念馆、军垦影视作品、军垦文艺汇演等现代化方式呈现，不断扩大兵团文化精品供给数量，促进兵团文化产品结构的优化布局。

（四）实施"文化+"工程，深化文化产业与其他产业的融合

国内外先进经验显示，"文化+"战略以及文化产业和其他产业的融合已成为促进文化产业高质量发展的重要路径，也是文化产业供给侧结构性改革的重要着力点之一。针对文化产品附加值较小、与其他产业融合程度较低、产业关联能力差等问题或制约因素，兵团应大力实施"文化+"工程，促进兵团文化产业和

其他产业的深度融合，并不断进行融合模式或手段的创新，促进兵团文化产业供给侧结构性稳步推进与文化产业发展高质量提升。具体来讲，兵团在后续的文化产业供给侧结构性改革进程中应该做到以下几点：一是实施"文化+"工程，推动兵团文化产业与旅游产业、教育产业、信息技术产业、金融产业、健康产业、农业、餐饮业等产业的融合发展，不断衍生新的文化产业业态、延伸兵团文化产业链条、增加兵团文化产品附加值，将文化融合型产业作为兵团文化产业供给侧结构性改革的新亮点，促使其成为重塑兵团文化产业结构的新引擎，不断提升兵团文化产业的综合实力。二是创新文化产业的融合手段，鼓励兵团文化产业在产业内部、产业间进行深层次的跨界融合，通过"文化+"战略，逐渐消除兵团文化产业的边界，促进要素资源在跨界融合中优化配置，提升产业间的关联能力，实现产业内外部的共生互补。例如，"文化+城市"有助于兵团城市提升文化魅力；"文化+制造"有助于兵团制造业以"兵团精神"为核心，实现向兵团创造的转型；"文化+个人+新媒体"有助于文化创意阶层的崛起，有助于利用兵团文化元素发展网红经济。三是创新文化产业的融合模式，鼓励兵团文化产业与多产业之间的融合。例如，"文化+科技+金融"是一种有助于文化产业供给侧创新的融合模式，能够较好地解决兵团文化产业创新驱动发展的资金支持问题；"文化+旅游+新技术"是一种有助于文化产业供给产品创新的融合模式，能帮助兵团文旅产业更好地融合，并以前沿科技的形式进行文旅产品内容和表现方式的创新。

（五）创意结合现代科技技术，融合探索"文化+"模式

为了进一步探索兵团文化产业供给侧融合新模式，可以结合现代科技引领"文化+"模式创意化、新颖化。首先，以内容创意为核心、以技术创新为手段，提升文化产业的创意能力。兵团文化产业需要加强优质文化资源与互联网、人工智能、数字技术等高科技形态的融合渗透。例如，可以通过大数据分析，了解用户需求，为用户提供更加精准的文化产品和服务；可以利用虚拟现实（VR）、增强现实（AR）等技术，为用户带来沉浸式的文化体验。同时，创新文化展示方

式，满足游客"文化+创意体验"需求。例如，可以通过兵团创意园区、兵团主题文化公园、兵团纪念馆、兵团历史影视作品、文艺汇演等现代化方式呈现，通过主题创意，辅以先进的技术手段，满足游客对文化的热爱和对创意体验的需求；可以举办兵团历史文化展览、民族艺术表演等活动，让游客在欣赏美景的同时，了解兵团的历史和文化。其次，创新文化产业链条与商业模式，探索跨界合作，将文化与其他行业进行融合，创造"文化+"的商业模式。例如，围绕早期兵团工业发展历程，结合原八一棉纺厂的兵团工业历史文化，打造游客沉浸式游览和体验的"文化+工业"研学园。游客可以参观历史建筑、了解兵团工业的发展历程；可以亲身参与制作传统手工艺品，感受兵团文化的魅力；也可以将文化与旅游、健康养生、科技创新等结合，开展文化旅游、文化康养等项目，拓宽文化产业的发展领域。通过创意结合现代科学技术，融合探索"文化+"模式，可以提升兵团文化产业供给侧的创新能力和竞争力，满足不断变化的消费需求，促进文化产业的可持续发展；同时，推动兵团文化的传承与创新，提升地方文化的影响力和竞争力。

（六）提高现代科技运用能力，推动文旅产业融合发展

在加大科学技术在文化与旅游产业协同发展中的运用方面，首先，基于原有的技术发展水平，并利用与政府相关的产业技术政策，不断吸收和引进外来的高新技术来提高自身技术水平、扩大技术规模。将科技优势运用到文化旅游产业的协同发展当中，从而保证在市场竞争中立于不败之地。可借鉴华为、阿里巴巴等企业的成功经验，将先进的信息技术应用于文旅产业，提高服务质量和效率。其次，在对文化公共设施加大投资力度的同时，应加快科技资源向兵团集聚，推进高新区和特色产业基地建设。支持重点师市地区加快建设特色产业基地和科技产业园，提高产业集聚集约程度和创新发展能力。可参考"双创"政策，鼓励创新创业，为地区文化与旅游产业的高质量融合发展注入科技活力。同时，通过加强人才培养和引进，提高文旅产业从业人员的专业素质和创新能力。例如，可以与高校合作，开展产学研一体化项目，培养更多具有国际视野和创新精神的文旅

产业人才。最后，结合兵团实际情况，推动政策创新和制度完善，为文旅产业发展提供有力的政策支持。例如，可以积极参与国际合作，拓展文旅产业的国际市场。总之，加大科学技术在文化与旅游产业协同发展中的运用，有助于推动兵团文化与旅游产业的高质量发展，为新疆经济社会发展做出更大贡献。

（七）联合规划整体区域部署，勾勒全域旅游"新蓝图"

文旅融合的相关政策部署更应该与新疆整体发展相联系。因此，兵团可与新疆共同携手成立全区全域旅游创建工作领导小组，共同编制《兵团全域旅游发展规划》等，将全域旅游工作纳入政府年度考核体系。同时，将区域内的自然、人文、历史、文化等各类旅游资源进行整合，形成独特的旅游产品和服务，满足游客多样化的需求。坚持以"新疆重要旅游区域、兵团区域游客集散中心、兵团文化特色名城和中国红色旅游文化体验地"为目标，通过创新旅游业态、产品和服务，提高旅游业的综合效益，促进兵团经济的发展。同时，注重提升旅游景区的管理水平和服务品质，为游客提供优质的旅游体验，增强游客满意度和忠诚度。携手乌昌沙等沿线城市，连点成线，深化全域文旅产业融合，以军垦为基，打造红色旅游路线，形成"红色+慢休闲"文旅融合理念，通过各种渠道和方式加强全域旅游的宣传推广，提高其知名度和影响力，吸引更多的游客。以文塑旅，以旅彰文，推动全域师市文化和旅游产业高质量发展。

四、体制机制改革与产业政策完善层面

（一）深化行政管理体制改革，构建良好的制度环境

推进行政管理体制改革是深化文化体制机制改革的重要组成部分，也是文化产业供给侧结构性改革能否成功的重要管理制度保障。针对制度性成本较高、行

政管理体制机制不健全等问题或制约因素，兵团在文化产业供给侧结构性改革中，应不断深化行政管理体制改革，塑造良好的营商环境，为兵团文化产业供给侧结构性改革的长效运行提供坚实的制度保障。具体来讲，兵团需要做到以下几点：一是改善兵团文化产业管理体制，促使目前的工程师型模式逐渐向建筑师型和庇护人性的管理模式转型，将政策引导、市场拉动和资源驱动形成合力，共同构建兵团文化产业发展的动力系统，在行政管理方面，为兵团文化产业发展提供强劲的制度支持。二是加快文化行政管理部门的放管服改革，持续推动文化行政管理简政放权工作，有效提升文化行政管理部门的服务水平和服务效率，不断提高文化行政管理部门的工作效能；对兵团文化产业领域的各种程序审批、项目流程管控、准入壁垒等进行适度精简，深入推进兵团总部和各师市两级的文化行政审批制度标准化、规范化。三是通过兵团政府门户网站、各师市网上办事大厅、各师市公共服务平台，在文化产业领域大力推进"互联网+政务服务"工作，提高文化产业领域的政务服务效率，第一时间解决兵团文化企业遇到的经营困境或投融资困难等，为兵团文化企业进行供给侧结构性改革和提升文化产品质量提供优质的政务服务。

（二）深化市场经济体系改革，强化市场机制的主导作用

完善文化市场经济体系建设是文化产业发展的重要保障，也是文化产业供给侧结构性改革中完善市场体制机制的重要组成部分，对塑造文化产业综合竞争力具有较强的决定性作用。针对文化产业供给模式较为滞后、市场主体地位不突出、市场体制机制不健全等问题或制约因素，兵团在文化产业供给侧结构性改革中应充分发挥市场机制的决定性作用，强化市场的主体地位，为兵团文化产业的发展提供较好的现代市场经济体系保障。具体来讲，兵团需要做到以下几点：一是注重培育适合兵团文化企业生存和发展的市场环境，清理市场环境中的不利因素，不断完善兵团文化市场经济体系的建设，构建"关系和谐、良性竞争与共享共建"的市场运行机制，逐步降低兵团文化企业的运营成本，推动兵团文化企业市场活力的释放。二是健全文化产业要素市场，促进人才、资金、技术等要素资

源的创新供给，发挥市场"看不见的手"的作用，引导要素资源沿着供求关系自由有序流动，推动文化产业要素资源的优化配置，为兵团文化企业发展和供给侧结构性改革提供充足且良好的养分。三是依法严格文化内容监管，营造高品质文化市场消费氛围，注重培育、引导、刺激文化市场消费者的需求，不断提升兵团文化产品的市场需求容量和潜力，增强文化产业发展的原始动能。四是逐步完善文化市场的准入和退出机制，不断优化兵团文化企业的现代企业制度建设，促进多元市场经营主体在文化产业领域自主经营、公平竞争，强化兵团文化企业的市场主体地位，推动兵团文化产业的转型升级。五是完善文化市场的法规建设和信用体系建设：一方面，通过文化市场法规的完善，促进兵团文化市场法治建设的规范化；另一方面，通过文化市场信用体系建设，对兵团文化市场主体的失信行为和伦理失德等进行约束，最终形成兵团现代文化市场经济体系的制度保障。

（三）深化财政税收制度改革，建立全方位政策扶持体系

根据国内外的先进经验，深化财政税收制度改革、完善政策扶持体系建设是文化产业高质量发展的重要政策保障，也是文化产业供给侧结构性改革能够高效执行的重要财政制度保障。针对政策引导作用不强、产业政策体系不完善等问题或制约因素，兵团在后续文化产业供给侧结构性改革中，应不断深化兵团文化产业领域的财政税收制度改革，提供宽松的财政税收制度环境，同时，通过完善文化产业政策体系，扶持兵团文化市场经营主体的不断发展壮大。具体来讲，需要做到以下几点：一是坚决贯彻国务院针对文化产业领域的减税降费方针，不断推动兵团文化产业财政税收制度的改革，对兵团范围内的文化企业进行减税降费，降低兵团文化产业的税收负担，减少兵团文化企业运营的综合成本，激活兵团文化企业的活力，促进兵团文化企业的科技创新。二是持续完善行业政策，引导兵团文化产业供给侧结构性改革。结合兵团及各师市的实际，从财税扶持、投融资渠道建设、知识产权保护、品牌宣传、人才培养与引进、创新创业孵化等方面出台一系列优惠扶持政策，促进兵团文化企业转型升级和改革创新，保障兵团文化行业的健康快速良性发展。三是不断完善金融政策，推动兵团文化产业供给侧结

构性改革。借鉴国内外的先进金融政策经验，兵团应出台专项政策驱动兵团文化企业与银行等金融机构的合作，鼓励银行等金融机构围绕兵团文化企业和产业的需求，进行金融信贷产品的创新开发和设计，为兵团文化企业提供定制化的专属信贷产品，加强兵团文化企业的金融扶持力度。

第十一章　保障兵团文化产业供给侧结构性改革路径实施与对策执行的措施

兵团文化产业的供给侧结构性改革的核心在于畅通供需大循环，消除生产、分配、流通、消费环节的制约因素，紧密结合扩大内需战略与供给侧结构性改革，实现供需水平的动态平衡。本章在兵团文化产业供给侧结构性改革路径设计与促进兵团文化产业供给侧结构性改革对策的基础上，为切实推动兵团文化产业供给侧结构性改革的稳步推进，从需求侧、供给侧两个视角出发，从投资政策保障、消费政策保障、产业政策保障、科技政策支持保障、人才政策支持保障、改革创新政策保障、组织激励措施保障等方面提出了相应的保障措施，以期为兵团文化产业高质量发展和转型升级提供必备的保障要素和制度体系。

一、需求侧的保障措施

（一）投资政策保障

1. 增加财政投入支持

在财政投入支持方面，兵团应做到以下几点以保障为兵团文化产业发展与供给侧结构性改革提供充分的财政支撑：首先，增加对文化产业的财政投入，设立专项资金用于支持兵团及各师市文化产业的发展。具体包括对文化机构、文化企业和文旅项目的资助，以及扶持文化创意人才的培养和引进。其次，鉴于兵团的特殊地理位置和历史文化背景，中央政府可以给予特殊的财政支持政策，针对兵团各师市的文化产业进行扶持。例如，设立优惠的税收政策，减免税费，针对从事文化产业的企业和个人，可设立相应的减税优惠政策，降低经营成本，鼓励更多的投资者和创业者投身于文化产业，推动文化产业的发展，并为各师市文化产业提供贷款和融资支持等。同时，针对各地的文化产业特点和需求，兵团可以设立专项扶持资金，用于支持各师市特色文化创意产业的发展。这可以包括传统手工艺品、军垦音乐、民间舞蹈等领域的资金支持。并且通过设立文化项目资金补助计划，为兵团的文化项目提供直接资助。这些资金可以用于支持文化活动、展览、演出等，促进当地文化创作和表达。最后，鼓励兵团的文化产业与其他地区、国内外的文化机构、企业进行合作与交流。为此，可以提供财政支持，资助文化交流活动、合作项目等，促进兵团文化产业的开放与发展。通过以上财政支持方面的保障措施，可以促进兵团文化产业的大发展大繁荣，提高兵团居民的文化素质，推动经济社会的可持续发展。此外，建议兵团在制定政策时充分考虑各师市的特殊性和需求，确保财政支持的公平、有效和可持续性。

2. 完善融资政策支持

首先，通过设计专门的文化产业发展基金或债券，为文化企业提供融资支持，解决其融资难题，帮助其扩大规模、提高其竞争力。同时，建立融资担保机制，为兵团文化产业提供融资保障。通过设立专项的担保机构或担保基金，提供对文化产业贷款的担保，降低融资风险，吸引更多金融机构主动参与文化产业的融资活动。其次，推动金融创新。兵团可以推动金融机构创新金融产品和服务，满足兵团文化产业的融资需求。例如，发行文化产业债券、设立文化产业股权投资基金等，为文化企业提供多样化的融资渠道，并且积极引导社会资本投入，兵团应注重引导社会资本参与兵团文化产业的融资支持。通过为社会资本提供税收优惠、投资补贴等激励政策，吸引更多的社会资本进入文化产业领域，扩大融资来源。最后，鼓励创业投资机构和文化产业孵化器在兵团或各师市设立分支机构，为当地的文化创业者提供融资支持和创业服务。包括提供风险投资、创业导师指导、市场推广等方面的支持。同时，加强金融机构在兵团文化产业发展中的支持能力。通过培训金融从业人员，提升其对文化产业特点和需求的理解，提供个性化的金融服务和咨询，帮助文化类企业解决融资难题。

通过以上的融资支持方面的保障措施，可以为兵团文化产业发展与供给侧结构性改革提供更多的融资渠道和支持，促进兵团文化企业的发展和壮大。同时，加强对文化产业融资政策的宣传和推广，提高文化企业对融资支持措施的知晓度和利用率。此外，还可以通过优化法律法规、建立知识产权保护制度、推动市场监管等措施，为需求侧投资提供更好的政策保障，促进兵团文化产业的繁荣发展。需要注意的是，政策保障应该具有长期性和稳定性，以吸引更多的需求侧投资，为兵团文化产业供给侧结构性改革提供最大的融资支持，持续推动兵团文化产业的高质量发展。

（二）消费政策保障

1. 提升居民收入水平，增强消费购买力

通过增加就业机会、提高工资待遇等方式，可以提升兵团居民的收入水平。较高的收入水平将有助于提高居民的消费能力和文化产品的需求。首先，通过建立健全的就业信息发布平台，提供就业信息、企业招聘信息等，方便居民获取就业机会，并且加强劳动力市场监测和预测，及时调整政策以满足就业需求。其次，通过培训计划，提升兵团居民在文化产业中的技能水平。例如，开设相关的职业培训课程，提供技术培训、管理培训等，帮助居民提升就业竞争力和薪资水平，并且为有创业意愿的居民提供支持，制定相应的创业扶持政策。例如，提供创业补贴、优惠税收政策、创业培训等，帮助他们在文化产业中创业并增加收入。再次，鼓励兵团发展具有地域特色的文化产业。通过培育和推广当地传统文化、手工艺品等，促进居民参与相关产业并从中获得经济收益。最后，完善社会保险制度，确保兵团居民在失业、疾病和退休等方面能够得到充分保障。这将有

助于减轻居民的生活压力，提高他们的消费能力。同时丰富兵团的文化产品和服务供给，满足不同层次、不同需求的居民消费。这包括发展数字文化产业、文化旅游、文化体育等领域，提供多样化的文化产品和服务。

通过以上的保障措施，可以提升兵团居民的收入水平，增强其对文化产品的消费能力，促进兵团文化产业的发展和壮大。同时，兵团可以根据实际情况不断优化和完善这些保障措施，以适应兵团文化产业供给侧结构性改革的需求。

2. 加强职业教育培训，提升就业竞争力

加大对兵团居民的教育培训力度，通过提升教育资源投入，发展职业教育，推进技能培训，建立职业导向的教育体系等方面提高居民的文化素质和艺术修养。首先，中央政府应加大对兵团地区教育资源的投入，包括学校建设、教师队伍建设、教育设施设备等方面。这样可以提高居民的受教育机会和教育质量，为他们适应文化产业发展提供坚实的知识基础。其次，鼓励兵团发展职业教育，培养更多与文化产业相关的专业人才。例如，设立文化艺术学院、创意设计学院等，开设与文化产业紧密相关的专业课程，培养适应市场需求的技能型人才。同时，加强文化产业领域的技能培训，提升居民在相关领域的就业竞争力。通过组织培训班、技能比赛等形式，增强居民的技能水平和创造力，使他们更好地参与文化产业供给侧结构性改革并获得就业机会。最后，通过建立完善的职业导向的教育体系，为学生提供与文化产业相关的职业规划和指导。例如，在学校中设立专门的文化产业实训基地或实践基地，让学生通过实际操作和实践经验更好地了解和适应该行业的要求。

通过加强教育培训，兵团居民可以获取更多的知识与技能，提高就业竞争力，更好地适应和参与到文化产业供给侧结构性改革进程中。兵团可根据实际情况，制定和完善这些保障措施，以实现教育培训在促进兵团文化产业发展和居民收入提升方面的作用。

3. 丰富文化产品供给，提高消费参与率

加大对兵团文化产业的扶持力度，鼓励企业创新，开发具有地域特色的文化产品。提供多样化、优质的文化产品将吸引更多居民参与消费。首先，设立创意设计中心或创意园区，吸引优秀设计人才和企业入驻。推动合作交流，激发创意灵感，开发出符合现有市场需求的创新产品。加大科技创新投入，鼓励兵团的文化企业和研究机构开展技术研发，提升产品的技术含量和竞争力。此外，鼓励文化类企业与高校、科研院所建立合作关系，共同推动文化创意产品的创新和转化。并且加强文化产品质量监管，确保产品符合国家和行业标准，提高消费者的信任度和满意度。积极开展品牌建设和市场推广活动，提升兵团产品的知名度和美誉度。其次，支持文化企业开拓国内外市场，拓展产品销售渠道。通过参加行业展览、开展电商平台合作、培育经销商网络等方式，促进兵团文化产品的覆盖面和销售量的增长。鼓励兵团区域的文化企业进行品牌联合和合作，共同打造有影响力的产业集群。通过资源整合、共享渠道和市场推广等方式，提高兵团文化产品的综合竞争力和市场份额。最后，鼓励文化创意企业和从业人员，提供政策支持和资金扶持，推动文化创意产品的研发和推广。同时，加强相关领域的培训和人才引进，提升兵团地区文化创意产业的整体水平。

通过以上保障措施，可以提升兵团居民的收入水平，提高居民就业竞争力，促进兵团文化产业供给端产品的丰富化，从而促进兵团文化改革的需求侧消费政策的顺利实施，提高居民对文化产品的消费需求，支持与推动兵团文化产业的发展。

二、供给侧的保障措施

（一）文化产业政策保障

从供给侧加强对兵团文化产业政策的制定和推进，可以激发兵团文化企业的创新活力，提升产业的竞争力和发展水平。首先，制定相关政策，鼓励和支持兵团文化产业的发展。政策可以包括税收减免、资金扶持、土地使用优惠等方面，以降低文化产业企业的经营成本，激发其活力和创造力。对于文化产业的项目评估与培育，兵团可以设立专门的机构或基金，负责对文化产业项目进行评估和培育。通过评估选出有潜力和发展前景的项目，并提供相应的资金、技术和管理支持，帮助其快速成长和壮大。其次，鼓励文化产业与科技企业、高校、研究机构等进行合作，推动文化与科技的融合创新。兵团可以设立专项资金，支持文化产业企业引入科学技术，提升其产品研发能力和市场竞争力。同时，规划建设文化创意产业园区，提供良好的土地、基础设施和服务配套。这样有利于集聚文化产业资源、优化产业布局，促进企业间的合作交流，形成良好的创新创业氛围。最后，推动文化产品国际化，通过政府的支持和引导，促进兵团的文化产业产品走向国际市场。鼓励企业参加国际展会、交流活动，拓展海外市场。兵团可以提供市场信息、商务咨询和品牌推广等支持，帮助企业开拓国际市场。

此外，兵团部门应积极推动相关政策的实施，为文化产业的蓬勃发展提供有力支持。同时，文化经营企业也应加强自身能力建设，提高技术创新和产品质量，不断扩大市场份额。在政策引导下，兵团文化产业与供给侧结构性改革将迎来更加美好的未来，为国家经济发展做出更大贡献。

（二）科技政策支持保障

从供给侧加强对兵团文化产业科技政策的制定和推进，能够为其科技创新注入活力，推动产业的高质量发展。首先，增加对兵团文化产业科技创新的资金投入，提供专项奖励和资助，支持科技企业、高校和研究机构开展科技研发和转化应用。这样有助于提升兵团文化产业的科技水平和创新能力。其次，设立科技创新平台，鼓励科技企业、高校和研究机构之间的合作与交流。通过共享科研设施、资源和人才，促进技术创新和成果转化，推动兵团文化产业的科技进步。此外，完善科技成果转化机制，加强科技成果的产权保护和转让交易，为兵团文化产业推动科技成果转化提供支持。再次，加强知识产权保护，鼓励文化企业加大自主创新力度，提高核心竞争力。在引导科技企业落地发展方面，可以出台优惠政策，吸引高科技企业在兵团设立产业基地或研发中心，推动科技与文化产业的融合。通过引进先进的科技企业，促进科技创新和产业升级，提高兵团文化产业的竞争力。最后，积极推动兵团文化产业与国内外相关科技机构和企业的交流与合作，引入先进的科技理念、技术和管理经验。这些举措有助于拓展兵团文化产业的国际视野，提升其在文化科技创新中的地位和影响力。

此外，兵团相关部门应积极引导和推动相关政策的实施，为科技创新提供有力支持；文化企业也应加强自身的科技研发和创新能力，不断提升核心竞争力，实现可持续发展。

（三）人才政策支持保障

从供给侧加强对兵团文化产业人才政策的保障和推进，可以吸引和培养高素质、专业化的人才，提升文化产业的发展水平。首先，建立健全的人才培养机制，加强高等教育、职业培训和技能提升，为兵团文化产业输送优秀人才。兵团可以制定相应的政策，鼓励高校、职业学校和培训机构与文化产业企业开展合作，提供专业化、实用性强的培训项目。制定人才引进政策，包括提供良好的福利待遇、住房保障、税收优惠等，吸引具有创新意识和专业知识的人才来到兵团从事文化产业工作。兵团可以采取多种方式，如设立专门的人才引进部门，组织人才招聘活动等，吸引和留住优秀人才。其次，通过加强文化企业与高校、研究机构之间的合作，促进产学研结合；兵团可以提供项目资助和支持，鼓励文化企业与高校建立联合实验室、技术研发中心等合作平台，共同开展文化领域的创新研究和成果转化。再次，建立科学、公正的人才评价机制，给予优秀人才应有的荣誉和激励，倡导创新精神和奋斗精神。兵团可以设立相关奖项，如科技创新奖、创业领军人才计划等，激励人才在文化产业领域取得突出成就。最后，积极开展国内外人才交流与合作，为兵团文化产业引进国际上的先进人才和经验。兵团可以组织专业人才的交流访问、学术研讨会等活动，促进人才之间的互动与合作，提升兵团文化产业的国际竞争力。兵团应加大对文化产业人才政策的支持力度，为人才提供更好的发展环境和机会。同时，文化企业也应关注人才培养，加强内部培训和人才使用，实现人才与企业的良性互动和共同发展。

（四）改革创新政策保障

改革创新促进产业长青。兵团可以制定一系列激励政策，如给予文化产业企业税收减免、贷款支持、创新项目资助等，鼓励企业在文化创意、数字内容、文化科技等领域进行创新。还可以设立专门的创新创业基地或孵化器，提供场地、资源和咨询服务，支持文化创新企业的发展。加大对知识产权的保护力度，建立健全的知识产权法律制度，并加强执法力度，打击盗版、侵权等违法行为。这样可以增强文化产业从业者对创新的信心，促进其更加积极地参与创造性工作。通过以上保障措施，可以从供给侧促进兵团文化产业的改革创新，推动产业的发展和升级。兵团应该加强与文化企业的合作，提供政策支持和服务，为文化产业的发展营造良好的环境。同时，文化企业也应不断提升自身的创新能力和市场竞争力，积极参与文化供给侧结构性改革，推动文化产业的繁荣与发展。

在文化产业发展过程中，可以充分利用互联网和现代信息技术，如大数据、云计算、人工智能等，推动文化产业的数字化、智能化发展。例如，可以通过建设数字文化产业园区，引进先进的数字技术，培育一批具有国际竞争力的文化科技创新企业。此外，还可以加强与国内外知名文化企业和机构的合作，引进先进的文化创意和管理经验，提升兵团文化产业的整体水平。在文化产品创作方面，兵团可以鼓励文化企业开发具有新疆特色和民族风情的文化产品，满足人民群众日益增长的精神文化需求。同时，要加强对优秀传统文化的传承和弘扬，让更多人了解和喜爱中华民族的优秀传统文化。

总之，改革创新是推动兵团文化产业持续发展的关键。兵团、企业和社会各界要共同努力，为文化产业的发展创造良好的条件和环境，让文化产业成为兵团经济转型升级的重要支柱产业。

（五）组织激励措施保障

兵团文化产业供给侧结构性改革以组织激励为保障，旨在推动兵团文化产业从传统的要素驱动型向创新驱动型转变，提高供给侧的质量和效率。供给侧结构性改革注重激发市场主体积极性和创造力。兵团通过改革机制，减少政府对文化产业的直接干预，鼓励企业和个人创新创业，增加供给侧的多样性和竞争力。首先，组织激励是改革的保障。兵团通过优化企业管理体制，建立灵活高效的组织激励机制，激发员工积极性和创造力。例如，兵团可以采取差异化、灵活化的薪酬政策，根据供给主体的工作贡献、创新能力及绩效表现给予相应的激励，如基本工资、绩效奖金、项目成果分红等，通过直接经济回报来鼓励供给主体更加努力地参与文化产业的供给；可以设置专项资金，用于支持文化产业供给主体的创新创业项目，通过提供资金、场地、技术支持等方面的支持，激励供给主体积极开展创新实践，推动文化产业的发展；还可以建立创新创业示范基地，为供给主体提供良好的创业环境和资源。其次，设立奖励机制，对文化产业供给主体在市场竞争中表现出色、取得重要成果的进行表彰和奖励。这包括颁发荣誉称号、颁发奖金、提供事业发展机会等方式，激励供给主体在文化产业领域取得更多的成就。最后，出台一系列优惠政策，为文化产业供给主体提供便利和支持。例如，减少税收负担、简化行政审批程序、提供专业培训等；帮助供给主体降低经营成本、提高效率，增强其参与行为的积极性。通过以上激励措施，兵团文化产业供给侧结构性改革以组织激励为保障，能够有效激发文化产业供给主体的参与行为，推动文化产业的创新发展并提高供给质量。

第十二章 结论与展望

一、研究结论

党的十九大报告中提出，当前社会主要矛盾已经转化为人民日益增长的美好生活需要和不平衡不充分的发展之间的矛盾，人民群众的需求已经进入了精神消费与品质消费的新时代。新时代背景下，文化产业供给侧结构性改革是破解社会主要矛盾的关键着力点，是提升文化产业供给体系质量和效率的重要举措，是国家经济转型的"引擎"、文化发展的"风向标"。本书重点剖析了兵团文化产业供给侧结构性改革的具体成效，系统梳理与归纳了兵团文化产业供给侧结构性改革存在的主要问题和制约因素，并通过借鉴国内外文化产业供给侧结构性改革的先进经验，设计了兵团文化产业供给侧结构性改革的具体路径，提出相应的对策与建议。具体来讲，主要内容如下：

（一）论述了文化产业供给侧结构性改革的理论框架

对文化产业、供给侧结构性改革、文化产业供给侧结构性改革的概念进行了内涵界定，并重点阐述了西方供给学派的启示和中国新供给经济学理论，为新时代兵团在新时代背景下兵团文化产业供给侧结构性改革提供了理论框架。

(二) 阐述了兵团文化产业供给侧结构性改革状况

从兵团文化产业基础设施、兵团文化产业微观主体发展、兵团文化产业增加值等方面，对兵团文化产业发展现状进行了系统分析，并梳理了兵团文化产业具有较好的供给侧结构性改革现实条件：文化资源禀赋较高、产业发展基础较好、市场需求空间较广阔。重点剖析了兵团文化产业供给侧结构性改革进程中在要素层面（人才要素、资金要素、科技创新要素）、产业结构层面（区域结构布局、业态结构调整、产品结构优化）、制度层面（发展规划、行政管理体制改革、市场经济体系建设）等的关键举措和初步成效，较为详细地展示了兵团文化产业供给侧结构性改革的全貌。

(三) 测评了兵团文化产业供给侧结构性改革的具体成效

在阐述兵团文化产业供给侧结构性改革状况的基础上，构建了兵团文化产业发展水平指标体系，并采用熵权 TOPSIS 法对兵团 2010~2019 年的文化产业发展水平进行测度，通过综合评价和对比分析，分析得出兵团文化产业供给侧结构性改革的具体成效。与 2010~2015 年相比，通过深入推进文化产业供给侧结构性改革，2016~2019 年，兵团文化产业在发展水平指数、产业规模指数、产业要素指数、产业结构指数、产业关联指数、产业需求潜力指数、产业创新支撑指数等方面的得分都有不同程度的提高，表明兵团文化产业供给侧结构性改革取得了一定的成效，产业规模得到了壮大、产业要素水平得到了提升、产业结构得到了优化、产业关联得到了促进、产业需要潜力得到了刺激、产业创新支撑得到了提升。但是在产业要素水平提升、产业结构优化升级、产业需求潜力促进、产业创新支撑能力完善等方面的成效还较为不足，依然存在较多的问题。

(四) 剖析了兵团文化产业供给侧结构性改革存在的问题与制约因素

采用文本资料分析、实地调研等方法，对兵团文化产业供给侧结构性改革存在的诸多问题进行了重点剖析，归纳的主要制约因素包括要素配置缺乏效率、支撑体系较薄弱，市场主体地位不突出、产品供给质量较差，产业结构不优化、产业关联能力差，体制机制不健全、产业政策体系不完善。这些为兵团文化产业供给侧结构性改革的路径设计与对策建议提供了较好的突破口和着眼点。

（五）对兵团文化产业供给侧结构性改革做了系统的 SWOT 分析

通过 SWOT 分析方法，对兵团文化产业发展与供给侧结构性改革等方面的外部环境与内部资源条件进行了系统分析，得出了兵团文化产业发展的机会、挑战、优势与劣势等，为兵团文化产业供给侧结构性改革提供了较好的切入点和发力点。

（六）归纳了国内外文化产业供给侧结构性改革路径的先进经验与模式借鉴

主要选取国外文化产业发展比较典型的模式和国内文化产业实力领先的省份（广东、浙江、北京、上海等），系统梳理了这些国家和省份文化产业供给侧结构性改革的先进经验、模式借鉴和重要启示，为深化兵团文化产业供给侧结构性改革提供了较好的改革思路和路径参考模式。

（七）设计了新时代背景下兵团文化产业供给侧结构性改革的目标与具体路径

通过借鉴国内外先进经验，结合新时代的大背景，提炼和归纳了兵团文化产业供给侧结构性改革的目标，围绕目标设计了四个主要路径。路径一：创新资源要素供给水平，构筑产业发展支撑体系；路径二：强化市场主体地位，推进文化产品提质增效；路径三：加快产业结构调整，增强产业关联能力；路径四：健全产业发展体制机制，完善产业政策体系。为新时代背景下的兵团文化产业供给侧结构性改革提供了明确的方向和有力的指引。

（八）提出了促进兵团文化产业供给侧结构性改革路径实施的对策与建议

围绕设计的目标及路径，结合新时代的大背景，从要素升级与产业发展支撑、市场主体培育与供给质量提升、产业结构调整与产业关联加强、体制机制改革与产业政策完善等层面提出了对策和建议。包括：①重视复合创新型人才的培养，为产业发展提供人才支撑；②构建多元投融资体系，为产业发展提供资金支撑；③加强文化科技创新投入，为产业发展提供技术支撑；④大力培育多元化市场主体，扶持中小微文化企业发展；⑤鼓励大型龙头企业发展，发挥带头引领辐射作用；⑥大力创建优秀军垦文化品牌，不断提升文化产品供给质量；⑦完善官方红色文化网站建设，搭建红色文化多媒体互动平台；⑧讲好兵团故事，推进兵团红色文化题材影视创作；⑨加强顶层设计与规划，优化文化产业区域结构布局；⑩培育新型文化产业业态，推动文化产业结构优化升级；⑪扩大有效供给、增强精品供给，不断优化文化产品结构；⑫实施"文化+"工程，深化文化产业与其他产业的融合；⑬创意结合现代科技技术，融合探索"文化+"模式；⑭提高现代科技运用能力，推动文旅产业融合发展；⑮联合规划整体区域部署，勾勒全域旅游"新蓝图"；⑯深化行政管理体制改革，构建良好的制度环境；⑰深化市场经济体系改革，强化市场机制的主导作用；⑱深化财政税收制度改革，建立全方位政策扶持体系。为兵团文化产业高质量发展和转型升级献计献策。

（九）提出了保障兵团文化产业供给侧结构性改革路径实施与对策执行的措施

在兵团文化产业供给侧结构性改革路径设计与促进兵团文化产业供给侧结构性改革对策的基础上，为切实推动兵团文化产业供给侧结构性改革的稳步推进，从需求侧、供给侧两个视角出发：在需求侧方面，从投资政策保障、消费政策保障等方面提出相应的保障措施；在供给侧方面，从产业政策保障、科技政策支持保障、人才政策支持保障、改革创新政策保障、组织激励措施保障等方面提出相应的保障措施，为兵团文化产业高质量发展和转型升级提供了必备的保障要素和制度体系。

二、研究不足与展望

由于研究能力、学术视野与时间精力有限，本书存在诸多不足，亟待深入研究：首先，2021 年兵团统计年鉴还没有公布，造成 2020 年数据不完整，公布后可以促进兵团文化产业供给侧结构性改革的成效分析更加全面；其次，主要采用熵权 TOPSIS 法、比较研究法、访谈法等研究方法，缺乏详细的基于居民的问卷调查数据，方法有待进一步补充和完善；再次，评价主观性强，在对兵团文化产业发展水平指标选取时，很大程度上依赖于专家的主观判断，指标体系还可以进一步完善；最后，兵团文化产业供给侧结构性改革的成效分析只针对了兵团整体情况，没有将各师市的数据加进来，做各师市的文化产业供给侧结构性改革的成效分析。

在以后的研究中，我们将进一步完善兵团文化产业及各师市的数据，做更加系统全面的兵团文化产业供给侧结构性改革的成效分析。同时，增加研究方法的多元性，从各个视角对兵团文化产业供给侧结构性改革的问题和制约因素进行系统分析，不断增强兵团文化产业供给侧结构性改革建议的科学性、操作性与实践性。

参考文献

［1］安娜，张文松．新时代中国文化产业供给侧结构性改革探析［J］．西南民族大学学报（人文社会科学版），2018，39（09）：153-160．

［2］安清宁．新时代民族文化产业发展模式的构建——评《民族文化产业论纲》［J］．南方经济，2023，402（03）：155．

［3］边籍．《兵团文化产业发展规划（2014—2020）》印发实施［J］．当代兵团，2014（15）：44．

［4］卞靖．丝绸之路特色文化产业发展的供给侧结构性改革［J］．中国经贸导刊，2017（25）：45-47．

［5］蔡国平．供给侧结构性改革态势下平湖文化产业发展路径的思考［J］．江南论坛，2017（11）：39-41．

［6］蔡苏州，曾雪兰，石乐．"一带一路"视域下燕赵文化产业拓展研究［J］．产业与科技论坛，2019，18（08）：16-18．

［7］曹嘉琪．粤港澳大湾区文化产业竞争力评价研究［J］．今日财富，2021（20）：214-216．

［8］曾贵，徐运保．供给侧结构性改革视角下湖南文化产业业态转型升级研究［J］．湖南财政经济学院学报，2020，36（03）：78-87．

［9］曾贵，徐运保．新常态下湖南文化产业供给侧结构优化升级的路径、影响因素及对策［J］．当代经济，2020（05）：72-76．

［10］陈明师，黄桂钦．供给侧结构性改革：文化产业转型升级的路径选择——基于福建省文化产业发展实证分析［J］．发展研究，2016（10）：65-72.

［11］陈清．文化产业供给侧结构性改革的缘由、方向和路径探讨［J］．现代传播（中国传媒大学学报），2017，39（10）：120-122，142.

［12］陈显军，熊敬锘，杨霞．供给侧结构性改革视域下广西文化产业与旅游业融合发展研究［J］．桂海论丛，2016，32（02）：119-124.

［13］陈章旺，何惠玲．新时代民生文化产业发展模式研究［J］．现代商贸工业，2021，42（04）：7-9.

［14］程江涛．让"文化＋"助推兵团文化产业发展［N］．兵团日报（汉），2016-03-21（006）．

［15］程雨，杨淑雅，程丽．河南省文化产业与旅游产业融合发展水平的测度与评价［J］．旅游纵览，2021（13）：68-74，98.

［16］程玥．福建省文化产业发展态势及竞争力提升策略［J］．厦门理工学院学报，2019，27（02）：13-19.

［17］程震，薛献伟．基于SWOT分析法的滁州市旅游供给侧结构性改革探析［J］．滁州职业技术学院学报，2018，17（02）：58-60.

［18］程智慧．供给侧结构性改革下文化产业转型的定位及实现［J］．湖南科技学院学报，2018，39（12）：98-100.

［19］邓慧．山东文化产业发展水平综合评价研究［J］．全国商情（理论研究），2014（06）：45-47.

［20］邓磊，杜爽．我国供给侧结构性改革：新动力与新挑战［J］．价格理论与实践，2015（12）：18-20.

［21］丁任重．关于供给侧结构性改革的政治经济学分析［J］．经济学家，2016（03）：13-15.

［22］东光明．基于SWOT分析下山东文化产业数字化转型对策研究［J］．黄河科技学院学报，2021，23（09）：66-72.

［23］杜璐璐．基于发展视角下的日本文化产业研究［J］．北京印刷学院学

报，2019，27（10）：44-46，59.

［24］杜璐璐．日本文化产业发展路径的思考［J］．黑河学院学报，2020，11（08）：55-57.

［25］范红艳，薛宝琪．河南省旅游产业与文化产业耦合协调度研究［J］．地域研究与开发，2016，35（04）：104-109.

［26］范建华，秦会朵．"十四五"我国文化产业高质量发展的战略定位与路径选择［J］．云南师范大学学报（哲学社会科学版），2021，53（05）：73-85.

［27］范金，郑庆武．中国地区保险-经济-社会核算矩阵的编制与分析［J］．开发研究，2004（01）：1-5，9.

［28］范静，王文聪．会展文化产业供给侧结构性改革路径研究［J］．职业技术，2017，16（01）：33-36.

［29］范周，周洁．正确理解文化领域供给侧结构性改革［J］．东岳论丛，2016，37（10）：5-14.

［30］范周．关于文化产业供给侧结构性改革的思考［N］．中国财经报，2016-06-02（007）.

［31］方福前．寻找供给侧结构性改革的理论源头［J］．中国社会科学，2017（07）：49-69，205.

［32］冯娟．基于价值规律的我国供给侧结构性改革研究［J］．当代经济管理，2021，43（03）：17-24.

［33］冯志峰．供给侧结构性改革的理论逻辑与实践路径［J］．经济问题，2016（02）：12-17.

［34］顾佳薇．日本文化软实力的发展经验及其对中国的启示［D］．江西理工大学，2018.

［35］郭雄伟，张立保．文化产业供给侧结构性改革思路探析［J］．经济研究导刊，2017（31）：43-44.

［36］郭志伟，程恩富．若干发达国家文化的国际传播——以美国、法国、

英国、日本、韩国为例［J］．马克思主义文化研究，2020（01）：30-43.

［37］何蕊，杨梅华．石河子市红色文化资源的特征及其开发利用［J］．文化产业，2021（14）：57-58.

［38］洪银兴．准确认识供给侧结构性改革的目标和任务［J］．中国工业经济，2016（06）：14-21.

［39］胡鞍钢，周绍杰，任皓．供给侧结构性改革——适应和引领中国经济新常态［J］．清华大学学报（哲学社会科学版），2016（02）：45-45.

［40］胡宇喆，胡长生．江西文化产业供给侧创新路径分析［J］．南昌师范学院学报，2018，39（04）：37-41.

［41］黄辉．浙江文化产业的供给侧结构性改革探索［D］．中共浙江省委党校，2018.

［42］黄进浩．浅谈新时代下广西文化产业供给侧结构性改革［J］．文化产业，2018（13）：5-6.

［43］黄丽玲．新时代美好生活的精神文化供给研究［D］．广西师范大学，2020.

［44］黄群慧．论构建新发展格局的有效投资［J］．中共中央党校（国家行政学院）学报，2021，25（03）：54-63.

［45］贾爱萍．推进石河子市文化建设的若干思考［J］．兵团党校学报，2013（06）：62-65.

［46］贾康．供给侧结构性改革要领［J］．中国金融，2016（01）：25-28.

［47］贾丽华．石河子市发展文化创意产业的问题与对策［J］．中共郑州市委党校学报，2017（02）：98-100.

［48］贾显维．美国文化产业投融资机制及其对我国的启示［J］．山东纺织经济，2014（06）：14，17.

［49］蒋静．兵团第十三师文化产业发展研究［J］．现代经济信息，2018（16）：406-407.

［50］蒋楠楠，王俊．西部地区文化产业供给侧结构性改革研究——基于贵

州省的样本数据分析［J］.贵州社会科学，2018（02）：133-138.

［51］焦斌龙.新常态下我国文化产业供给侧结构性改革的思考［J］.经济问题，2017（05）：10-14.

［52］焦雅萍，童晨.基于CiteSpace的文化供给侧结构性改革意群分析与趋势研究［J］.唐山师范学院学报，2020，42（04）：101-105，110.

［53］荆立群，薛耀文."十四五"时期供给侧结构性改革推进文化产业高质量发展的创新路径［J］.技术经济与管理研究，2021（05）：102-106.

［54］阚巧巧.中国文化创意园区发展模式及路径研究［J］.产业创新研究，2022，86（09）：51-53.

［55］康晴晴.吉林省文化产业发展水平的评价研究［D］.吉林财经大学，2013.

［56］孔少华，何群."十三五"文化产业供给侧要素创新研究［J］.山东大学学报（哲学社会科学版），2017（04）：24-31.

［57］匡贤明.加快文化领域供给侧结构性改革［N］.学习时报，2016-06-13（004）.

［58］李春梅，张文霞.生产、分配、交换、消费视角下的文化产业供给侧结构性改革——兼论山西省文化产业的发展路径［J］.经济问题，2020（06）：110-117.

［59］李稻葵.关于供给侧结构性改革［J］.理论视野，2015（12）：16-19.

［60］李德山.推进文化体制创新，促进兵团文化产业大发展［N］.兵团日报（汉），2014-03-21（007）.

［61］李东旭.供给侧结构性改革下的黑龙江文化产业与旅游产业融合发展研究［D］.哈尔滨商业大学，2018.

［62］李浩然.美国文化产业的发展经验及其启示［J］.人民论坛，2020（03）：140-141.

［63］李宏宇.乌兰浩特市公共文化服务供给侧结构性改革研究［D］.内

蒙古大学，2018.

[64] 李鸿，张瑾燕. 供给侧结构性改革与民族地区文化产业的转型升级 [J]. 大连民族大学学报，2016，18（04）：289-293.

[65] 李俊霞. 供给侧结构性改革背景下甘肃文化产业转型升级对策研究 [J]. 社科纵横，2018，33（04）：49-52.

[66] 李凯强. 山西电影文化产业现状扫描——基于SWOT分析 [J]. 中北大学学报（社会科学版），2022，38（02）：20-27.

[67] 李康化. 文化产业供给侧结构性改革的战略选择 [J]. 福建论坛（人文社会科学版），2017（08）：84-92.

[68] 李露，徐志成，邵景德. 江苏省文化产业发展金融供给侧结构性改革对策研究 [J]. 中国商论，2018（32）：40-42.

[69] 李明悦. 陕西省演艺产业发展水平测度及影响因素分析 [D]. 西安建筑科技大学，2021.

[70] 李培峰. 新时代文化产业高质量发展：内涵、动力、效用和路径研究 [J]. 重庆社会科学，2019（12）：113-123.

[71] 李群群，张波. 新时代文化产业供给侧结构性改革何以实现 [J]. 人民论坛·学术前沿，2019（23）：112-117.

[72] 李群群. 新时代文化产业供给侧结构性改革研究 [D]. 吉林大学，2019.

[73] 李书群. 做大做强兵团出版业，推进兵团文化产业发展 [J]. 兵团党校学报，2019（06）：106-108.

[74] 李硕雅. 黄河流域高质量发展视角下黄河三角洲文旅产业开发的SWOT分析与对策研究 [J]. 鲁东大学学报（哲学社会科学版），2022，39（03）：86-90.

[75] 李停. 经济新常态下供给侧结构性改革的理论逻辑与路径选择 [J]. 现代经济探讨，2016（06）：20-24.

[76] 李向民. 文化产业供给侧结构性改革要做好"加减法" [N]. 新华日

报，2016-07-22（014）．

［77］李向民．文化产业供给侧结构性改革问题初探［J］．福建论坛（人文社会科学版），2017（02）：22-28.

［78］李向前，刘洪，黄莉．中国省域文化产业发展模式及演进路径［J］．统计与决策，2020，36（02）：101-104.

［79］李晓南．供给侧结构性改革背景下辽宁文化产业发展策略研究［J］．中国商论，2018（32）：159-160.

［80］李鑫锋．连云港发展海洋文化产业的SWOT分析［J］．海洋开发与管理，2020，37（11）：93-96.

［81］李雅丽．美国文化产业：发展模式、产业政策及启示［J］．海南金融，2018（11）：71-78.

［82］李艳，杨汝岱．地方国企依赖、资源配置效率改善与供给侧结构性改革［J］．经济研究，2018，53（02）：80-94.

［83］李毅．文化产业供给侧结构性改革的着力点和现实路径——以国产电影为切入点［J］．开发研究，2016（06）：15-19.

［84］连春光，蔡月鹏．基于DEA的江苏省文化产业投入产出效率评价［J］．江苏经贸职业技术学院学报，2021（03）：12-16.

［85］刘昂．供给侧结构性改革与文化产业创新［J］．齐鲁学刊，2017（06）：90-95

［86］刘恩东．美国文化产业发展的法律支持体系［N］．学习时报，2015-08-13（002）．

［87］刘结成．文化产业供给侧发展应着重四大战略［N］．中国文化报，2016-05-14（001）．

［88］刘婧一，李俊霞．基于SWOT分析的黄河文化品牌打造与营销模式创新探究——以兰州市为例［J］．社科纵横，2022，37（03）：65-70.

［89］刘鹏．供给侧结构性改革背景下山东省体育产业与文化产业融合发展研究［D］．曲阜师范大学，2020.

［90］刘胜男，李奇.河北省文化产业的转型与地方音乐的繁荣契机［J］.中国民族博览，2019（12）：129-130，141.

［91］刘卫星，钭利珍.美国文化产业政策及其对中国的启示研究［J］.中国市场，2015（08）：58-59.

［92］刘燕，葛丽英.供给侧结构性改革背景下蒙古族服饰文化产业发展研究［J］.中国文化产业评论，2020，29（02）：325-336.

［93］刘尧飞，沈杰.经济转型升级背景下供给侧结构性改革分析［J］.理论月刊，2016（04）：5-9.

［94］刘兆慧，张文亮，张桐.大连市文化供给侧结构性改革的问题及对策研究［J］.改革与开放，2018（05）：42-43.

［95］刘兆慧.大连市公共文化供给侧结构性改革路径研究［D］.辽宁师范大学，2018.

［96］柳青.西部地区文化产业发展效率评价研究［D］.广西大学，2013.

［97］罗晋京，秦禧.海南文化产业供给侧结构性改革初探［J］.新东方，2017（02）：32-35.

［98］罗仕鉴，杨志，卢杨，张德寅.文化产业数字化发展模式与协同体系设计研究［J］.包装工程，2022，43（20）：132-145.

［99］罗雪.新时代湖北省文化创意产业发展模式研究［J］.今古文创，2020，12（12）：52-53.

［100］马静文，谷增军.新旧动能转换下山东文化产业发展模式选择［J］.山东工商学院学报，2021，35（02）：1-8.

［101］马岩，张震.兵团推进供给侧结构性改革探析［J］.新疆农垦经济，2016（05）：35-38.

［102］孟书魁.新常态下我国文化产业供给侧结构性改革问题探讨［J］.当代经济，2017（21）：82-85.

［103］欧海艳.美、日、韩三国文化资源产业化的实践及启示［J］.管理观察，2017（03）：44-46.

［104］欧美，杨应旭．基于高质量发展的贵州省文化产业竞争力评价和分析［J］．六盘水师范学院学报，2021，33（04）：12-20.

［105］潘冬东．推进福州文化产业供给侧结构性改革的思考［J］．福州党校学报，2018（02）：68-73.

［106］戚学慧，张砚．以供给侧结构性改革的视角审视文化产业［J］．红旗文稿，2017（09）：26-28.

［107］齐骥．推进文化产业供给侧与需求侧协同发展研究［J］．发展研究，2016（11）：74-78.

［108］齐骥．我国文化产业供给侧结构性改革的探索与思考［J］．福建论坛（人文社会科学版），2016（08）：141-146.

［109］钱寿海．美国文化产业的成功经验和启示（二）［J］．企业研究，2015（03）：44-47.

［110］钱寿海．美国文化产业的成功经验和启示（一）［J］．企业研究，2015（02）：68-71.

［111］秦宗财，方影．我国文化产业供给侧动力要素与结构性改革路径［J］．江西社会科学，2017，37（09）：75-83.

［112］邱萍．美国文化产业发展对中国的影响与启发［J］．青春岁月，2014（11）：232-233.

［113］饶世权．日本的文化产业政策及其对我国的启示［J］．出版科学，2020，28（03）：114-122.

［114］任成金，潘娜娜．美国文化产业价值取向的建构及其困境［J］．西南民族大学学报（人文社会科学版），2015，36（07）：176-180.

［115］任继周，万长贵．系统耦合与荒漠—绿洲草地农业系统——以祁连山—临泽剖面为例［J］．草业学报，1994（03）：1-8.

［116］任勇．供给侧结构性改革中的环境保护若干战略问题［J］．环境保护，2016，44（16）：18-24.

［117］邵明华，张兆友．特色文化产业发展的模式差异和共生逻辑［J］．

山东大学学报（哲学社会科学版），2020，241（04）：82-92.

［118］沈坤荣．供给侧结构性改革是经济治理思路的重大调整［J］．南京社会科学，2016（02）：1-3.

［119］沈山．文化产业的内涵及其政策发展趋势［J］．社会科学家，2005（02）：166-167，179.

［120］宋朝丽．供给侧结构性改革视角下文化产业发展内生动力机制探究［J］．东岳论丛，2016，37（10）：22-29.

［121］宋海东，杨学聪．美国文化产业发展及对我国的启示探讨［J］．现代商贸工业，2019，40（29）：42-43.

［122］宋孟丽．场景理论视阈下我国文化产业园区发展模式研究［D］．山东大学，2021.

［123］苏光，高霞．天水文化创意旅游产业发展SWOT分析［J］．西部旅游，2020，136（11）：6-8.

［124］孙鲁云，许丽萍，王力．兵团供给侧要素投入与经济增长——基于兵团1990~2016年师级面板数据［J］．软科学，2018，32（12）：40-43.

［125］孙逸敏．兵团文化产业发展存在的问题及发展对策［J］．福建茶叶，2020，42（04）：321.

［126］谭培培．日本文化产业政策对我国的影响［J］．文存阅刊，2018（07）：151.

［127］谭珊．陕西省房地产业与旅游业的产业关联及协调发展研究［D］．西安建筑科技大学，2018.

［128］唐旭．日本动漫文化产业对苏南文化产业发展的启示［J］．经贸实践，2017（18）：155.

［129］陶庆先．深化供给侧结构性改革培育文化产业新业态［J］．发展改革理论与实践，2017（09）：12-14，27.

［130］田帅，张晛．粉丝经济视角下中韩文化产业发展模式对比［J］．中外企业文化，2023，640（03）：112-114.

［131］涂丹．新业态下文化产业的供给侧结构性改革与调整［J］．学习与实践，2016（05）：128-134．

［132］万中英．日本文化产业发展模式探讨［J］．作家天地，2020（23）：193-194．

［133］汪帅东．日本文化产业发展模式及路径研究［J］．东北亚外语研究，2018，6（03）：86-90．

［134］王昌林，付保宗，郭丽岩，卞靖，刘现伟．供给侧结构性改革的基本理论：内涵和逻辑体系［J］．宏观经济管理，2017（09）：14-18．

［135］王冬梅．创新理念下兵团文化发展研究［J］．兵团党校学报，2021（01）：95-99．

［136］王光文．内蒙古文化产业供给侧结构性改革的路径和措施［J］．实践（思想理论版），2018（03）：51-53．

［137］王光文．内蒙古文化产业供给侧结构性改革的路径和措施研究［J］．北方经济，2018（03）：49-52．

［138］王瀚林．关于兵团文化建设的战略思考［N］．兵团日报（汉），2018-01-25（006）．

［139］王景云．战后美国文化产业政策维护国家安全的实践及启示［J］．国外社会科学，2016（02）：93-99．

［140］王凯，庞震．我国供给侧结构性改革的理论逻辑及路径选择［J］未来与发展，2016，40（12）：1-4．

［141］王丽．文化引领在兵团向南发展中的作用、实现形式及路径研究［J］．祖国，2020（03）：199-200．

［142］王淑珍．文化产业供给侧结构性改革问题探讨——以酒泉市为例［J］．甘肃金融，2017（01）：22-24，41．

［143］王习贤．以供给侧结构性改革推进湖南文化产业新发展［J］．湖南行政学院学报，2016（06）：60-62．

［144］王晓娟，强哲．兵团供给侧结构性改革的若干思考［J］．兵团党校

学报，2017（02）：5-7，13.

　　［145］王鑫．基于 SWOT 模型的湖湘红色名人文化品牌策略研究［J］．家具与室内装饰，2022，29（08）：83-87.

　　［146］王一鸣．正确理解供给侧结构性改革［N］．人民日报，2016-03-29（007）．

　　［147］王忠．日本、韩国发展文化产业的经验启示［J］．人文天下，2018（06）：38-43.

　　［148］韦凤琴．兵团文化及相关产业发展探析建设兵团先进文化示范区视角［J］．兵团党校学报，2014（06）：21-24.

　　［149］卫绍生．文化产业供给侧结构性改革［N］．中国社会科学报，2016-08-04（006）．

　　［150］魏鹏举．坚持守正创新的文化产业高质量发展之路［N］．中国美术报，2020-10-12（006）．

　　［151］魏鹏举．中国文化产业高质量发展的战略使命与产业内涵［J］．深圳大学学报（人文社会科学版），2020，37（05）：48-55.

　　［152］文建东，宋斌．供给侧结构性改革：经济发展的必然选择［J］．新疆师范大学学报（哲学社会科学版），2016，37（02）：20-27.

　　［153］文瑶．湖南文化产业供给侧结构性改革的对策研究［J］．经营与管理，2019（11）：104-107.

　　［154］吴德金．美国文化产业发展动因分析［J］．经济纵横，2015（06）：108-110.

　　［155］吴佳晨，钭利珍．美国文化产业投资模式及其启示研究［J］．商场现代化，2015（01）：122-123.

　　［156］吴敬琏．供给侧的对策思路和改革的四大阻力［J］．南方企业家，2016（02）：20-23.

　　［157］吴甜．江苏文化产业供给侧动力因素空间差异研究——基于空间计量模型［J］．经济研究导刊，2020（07）：27-28，39.

［158］吴颖，刘仁辉，孙赫．供给侧结构改革背景下辽沈地区冰雪文化产业发展策略研究［J］．度假旅游，2019（04）：45.

［159］夏文斌．兵团文化软实力的战略思考［J］．文化软实力，2016，1（01）：72-76.

［160］肖兵．文化产业发展水平综合评价方法研究［J］．琼州学院学报，2013，20（02）：101-103.

［161］徐鹏．美国文化产业政策及其对中国文化建设的启示［J］．管理观察，2014（23）：16-17.

［162］徐鹏程．文化产业供给侧结构性改革面临的问题及对策建议［N］．金融时报，2018-09-03（011）.

［163］徐伟．济宁市文化领域供给侧结构性改革探讨［J］．人文天下，2016（12）：7-10.

［164］徐文玉，马树华．中国海洋文化产业供给侧结构性改革探析［J］．中国海洋经济，2017（01）：270-283.

［165］宣晓晏．影视文化产业供给侧结构性改革的背景与路径［J］．河海大学学报（哲学社会科学版），2019，21（02）：69-78，107.

［166］闫璐璐，王小梅，高晓辉．青海省文化产业发展水平综合评价研究［J］．内蒙古科技与经济，2016（12）：10-11.

［167］杨峰．兵团文化的特征及时代价值［N］．兵团日报（汉），2021-05-24（007）.

［168］杨丽青，孙文琛．北京文化创意产业供给侧结构性改革［J］．科技智囊，2018（05）：74-83.

［169］杨梅华，胡建松．文化润疆中发挥兵团红色资源作用的思考［J］．和田师范专科学校学报，2021，40（03）：1-6.

［170］杨毅．促进文化供给主体出精品出人才［N］．惠州日报，2017-03-13（A07）.

［171］姚红，葛君梅．吉林省文化产业发展的SWOT分析及对策建议［J］．

黑龙江生态工程职业学院学报，2020，33（04）：66-67，76.

［172］姚静．美国文化产业发展举措对中国的启示［J］．人民论坛，2016（35）：134-135.

［173］姚晓敏，姜蒙．"文化+"的魅力——十三师文化产业发展透析［J］．当代兵团，2016（23）：10.

［174］尹芳霞，张有道，杨帆，刘慧．西藏文化创意产业可持续发展SWOT分析与推广策略研究［J］．中国市场，2022，1120（21）：26-29.

［175］尹楠．供给侧结构性改革背景下江苏文化产业发展分析［J］．镇江高专学报，2018，31（02）：115-117，121.

［176］尹芮．浅析日本文化产业税收政策及对我国的启示［J］．现代经济信息，2017（16）：243.

［177］于殿利．供给侧结构性改革与出版高质量发展［J］．出版参考，2019（01）：5-12.

［178］于蓉．粤港澳大湾区背景下广东红色文化资源开发SWOT分析及对策建议［J］．中国市场，2020，1059（32）：17-20.

［179］于晓陆．基于SWOT分析的青海民族饮食文化品牌发展态势研究［J］．南宁职业技术学院学报，2022，30（01）：60-66.

［180］于秀艳，杨光．基于SWOT分析的山东省文化产业科技创新能力提升研究［J］．科技与创新，2020，153（09）：63-64，67.

［181］俞佳辰．从中美电影产业比较看中国文化产业发展趋势［J］．文教资料，2016（12）：61-62.

［182］郁可．供给侧结构性改革与文化产业的关联性研究［J］．经贸实践，2017（19）：110.

［183］袁敏芳．兵团文化产业发展现状、存在问题及对策［J］．兵团党校学报，2014（06）：32-35.

［184］袁敏芳．关于兵团文化产业发展的若干思考［J］．经济师，2015（04）：57-59.

［185］袁渊，于凡．文化产业高质量发展水平测度与评价［J］．统计与决策，2020，36（21）：62-66.

［186］张曾芳，张龙平．论文化产业及其运作规律［J］．中国社会科学，2002（02）：98-106，207.

［187］张冬宁．以供给侧结构性改革振兴河南文化产业［J］．郑州航空工业管理学院学报（社会科学版），2016，35（03）：164-168.

［188］张浩．新时代兵团红色文化传承研究［D］．石河子大学，2020.

［189］张惠丽，王成军．城市文化产业发展水平综合评价实证分析［J］．科技管理研究，2013，33（19）：221-224.

［190］张佳佳．焦作市太极拳文化产业发展的SWOT分析［J］．焦作大学学报，2021，35（03）：34-36.

［191］张杰，宋志刚．供给侧结构性改革中"去产能"面临的困局、风险及对策［J］．河北学刊，2016，36（04）：123-129.

［192］张全峰．兵团"文化润疆"的历史经验［J］．当代兵团，2021（14）：44.

［193］张全峰．新时期兵团"先进文化示范区"建设研究［J］．传承，2014（11）：36-37.

［194］张瑞梅．供给侧结构性改革背景下广西全域旅游建设研究［J］．广西大学学报（哲学社会科学版），2021，43（06）：93-100.

［195］张杉，赵川．乡村文化旅游产业的供给侧结构性改革研究——以大香格里拉地区为例［J］．农村经济，2016（08）：56-61.

［196］张思奇．供给侧结构性改革视野下山西文化产业研究［D］．山西大学，2018.

［197］张文霞，王小芳．山西文化产业供给侧结构性改革研究［J］．辽宁教育行政学院学报，2020，37（02）：107-110.

［198］张文霞，王小芳．山西文化产业供给侧结构性改革研究［J］．辽宁教育行政学院学报，2020，37（02）：107-110.

［199］张衔，杜波．供给侧结构性改革的理论逻辑和本质属性［J］．理论视野，2021（05）：42-48.

［200］张祥志，尹靓．基于供给侧结构性改革的文化产业创造力激励研究［J］．中国出版，2016（13）：15-19.

［201］张新．黑龙江省文化产业发展模式研究［D］．哈尔滨商业大学，2014.

［202］张新民．新时代中国文化产业供给侧结构性改革研究［J］．艺术家，2020（08）：186-187.

［203］张新友．新疆文化产业发展水平的评价研究［J］．贵州民族研究，2019，40（08）：125-131.

［204］张召．推进文化产业供给侧结构性改革的思考［J］．中国国情国力，2019（01）：44-45.

［205］张振鹏．供给侧结构性改革：助推我国文化产业转型升级［N］．光明日报，2016-01-07（016）.

［206］张振鹏．我国文化产业的供给侧调整［J］．人文天下，2016（04）：13-16.

［207］张铮，许馨月．从创意者经济到认同者经济——数字文化产业发展模式的需求侧转型［J］．苏州大学学报（哲学社会科学版），2023，44（02）：162-170.

［208］赵继梅，王健．基于 SWOT 模型的安徽文化产业"走出去"发展策略研究［J］．安徽工业大学学报（社会科学版），2020，37（05）：14-17.

［209］赵跃光．兵团"文化＋"尽显别样魅力［J］．当代兵团，2017（11）：29.

［210］赵志耘．以科技创新引领供给侧结构性改革［J］．中国软科学，2016（09）：1-6.

［211］郑海江，陈建祥．从供给侧发力推动文化产业创新发展［J］．中国出版，2017（01）：6-10.

［212］郑雅婷．江西省文化产业供给侧创新路径分析［J］．经济研究导刊，2019（26）：48-49.

［213］支强，陈光．供给侧背景下五台山开展休闲体育旅游的路径研究［J］．忻州师范学院学报，2021，37（05）：90-95.

［214］钟廷勇，孙芳城．要素错配与文化产业供给侧结构性改革［J］．求是学刊，2017，44（06）：37-45.

［215］周建珊．广州文化产业高质量发展的SWOT分析［J］．工程技术研究，2021，6（05）：242-244.

［216］周亮．日本文化产业的发展对我国的启示［J］．产业创新研究，2020（16）：68-69.

［217］周密，刘秉镰．供给侧结构性改革为什么是必由之路？——中国式产能过剩的经济学解释［J］．经济研究，2017，52（02）：67-81.

［218］周晓宏．文化产业供给侧结构性改革：失衡与再平衡［J］．出版发行研究，2017（12）：24-27.

［219］周英姿．供给侧背景下我国文化产品供给的发展方向研究［J］．哈尔滨学院学报，2019，40（12）：30-34.

［220］朱文．兵团文化开发利用的"三位一体"路径探析［J］．黑龙江史志，2018（12）：42-45.

［221］朱文．论兵团文化的经济价值和生态价值［J］．克拉玛依学刊，2018，8（05）：32-36，2.

［222］左晓晓．日本文化发展战略及其对中国的启示［D］．大连理工大学，2018.

［223］Bulut H. Economic Design for the Supply Side of Agricultural Insurance Markets［C］. Agricultural & Applied Economics Association Meeting，2016.

［224］Mendoza E G，Tesar L L. The International Ramifications of Tax Reforms：Supply-Side Economics in a Global Economy［J］. American Economic Review，1998，88（01）：226-245.

［225］ Omer O A. The Economic Geography of the Tourist Industry by U. S. Metropolitan Area: A Supply-side Analysis ［A］. Dissertations & Theses-Gradworks, 2010.

［226］ Scott A J. Cultural-products Industries and Urban Economic Development: Prospects foe Growth and Market Contestation in Global Context ［J］. Urban Affairs Review, 2004, 39 （04）.